KB263749

다시마빵의 ゴロゴロ 일본어

다시마빵의 ゴロゴロ 일본어

초판 2쇄 발행 | 2026년 2월 5일

지은이 | 다시마빵
발행인 | 김태웅
기획 편집 | 이서인
디자인 | 남은혜, 김지혜, 강재은
마케팅 총괄 | 김철영
온라인 마케팅 | 신아연
제작 | 현대순

발행처 | (주)동양북스
등   록 | 제 2014-000055호
주   소 | 서울시 마포구 동교로22길 14 (04030)
구입 문의 | 전화 (02)337-1737   팩스 (02)334-6624
내용 문의 | 전화 (02)337-1762   이메일 dymg98@naver.com

ISBN 979-11-7210-151-0 13730

こんにちは。 다시마빵입니다.

일본에서는 こんぶパン, 한국에서 는 다시마빵이라는 이름으로 활동하고 있어요.

5년 전 일본에서 제 공부법을 담은 한국어 책을 출간했는데, 이번에 한국에서 일본어 책을 내게 되어 감회가 새롭고 정말 기뻐요.

제 공부법은 하나도 어렵지 않아요. 말장난＋그림＋이야기 한 스푼이면 끝이에요. 책상에 앉아 공부할 기분이 아닐 때, 침대에 누워 뒹굴면서 봐도 저절로 머리에 각인되는 방식이죠.

예를 들어볼게요. '가랑비'는 일본어로 'こさめ'라고 하는데요, 이걸 무작정 외우려고 하면 너무 어렵죠. 하지만 저는 이렇게 해요.

'고3에 가랑비를 맞았다'

어때요? 이 문장을 보니 노력하지 않았는데 바로 외워졌지요? 여기에 제가 직접 그린 일러스트까지 보면 그 장면이 머릿속에 완전히 박혀버려요. 다음에 가랑비가 올 때 'こさめ!'하고 떠오를 걸요?

여러분, 준비되셨나요~? 지금부터 다시마빵과 함께 일본어 공부 시작해 봅시다!

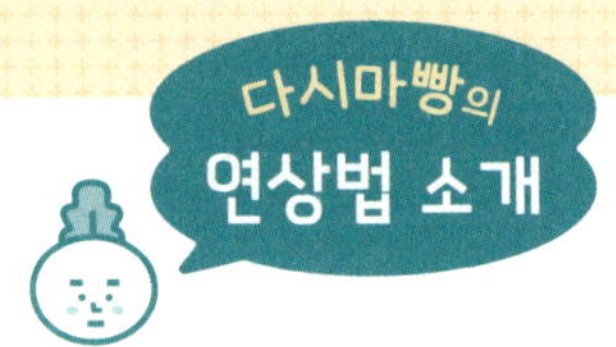

기억에 남기기 위한 스토리가 담긴 말장난

다시마빵의 연상법은 단순한 말장난이 아니에요. 각각의 스토리가 있습니다.

성게는 일본어로 'うに'라고 해요. 자주 먹을 수 없는 고급 식재료죠. 그래서 친구가 성게를 먹고 감동해서 우는 걸 보고 '우니?'라고 물어보는 거예요. 이런 식으로 다시마빵의 말장난 연상법에는 '기억에 남기기' 위한 스토리가 담겨 있어요.

그럼 크게 구분되는 3가지 연상법을 소개할게요.

1 발음 그대로 만든 연상법

이 방법은 거의 그대로 발음하면 통합니다. 그러나 일본어는 악센트에 따라 뜻이 달라지는 단어도 있으니 네이티브 MP3를 통해 음성을 확인해 주세요.

한국어　　　　　　　　　일본어
좋아하다 = 스키다 = **すきだ**

② 그럴듯하게 들리는 연상법

한국어와 달리 일본어에는 받침이 없습니다. 그래서 발음이 완전히 일치하지는 않지만 그럴듯하게 말할 수 있어요. 정확한 발음을 위해서는 네이티브 MP3를 통해 음성을 확인해 주세요.

한국어
천천히 = 옆구리 → 육·쿠리 = **ゆっくり**
일본어

③ 문장으로 만든 연상법

문장 속 소리를 합쳐서 만드는 방법입니다. 그 단어에서 연상되는 문장으로 만들어졌기 때문에 그대로 외우고 그 속에 있는 소리를 연결해서 외워 보세요.

한국어
토끼 = 토끼랑 우주 살기 → 우사기 = **うさぎ**
일본어

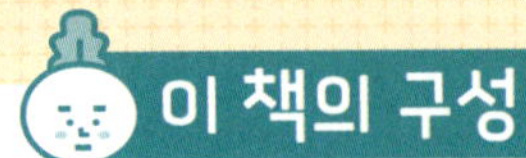

❶ 번호 | 의미

가나다 순으로 나열하여 번호를 달아두고, 배울 어휘의 의미를 제시했습니다. (번호는 MP3 트랙 번호와 동일합니다.)

❷ 품사 / 주제

품사와 주제를 구분했습니다.

❸ 어휘

기초부터 일상생활에서 자주 쓰이는 어휘까지 약 520개를 선별했습니다. 히라가나 표기를 기본으로 하고 있으며 독음과 한자를 표기했습니다.

❹ 일러스트

말장난 연상을 돕기 위한 스토리가 담긴 일러스트입니다.

❺ 문장

말장난 연상을 위한 문장입니다. 한국어는 노란 하이라이트, 일본어는 초록 하이라이트로 표시했습니다.

❻ 설명

일러스트와 문장에 대한 상황 설명을 추가했습니다.

❼ 예문

어휘가 활용된 예문을 2문장씩 제시했습니다. 후리가나와 독음, 의미를 확인할 수 있습니다.

❽ 팁

관련 단어 설명 및 발음에 대한 팁을 제시했습니다.

① 한국어 독음으로 쉽게 읽어보세요!

이 책에 표기된 한국어 독음은 학습의 편의를 위한 것이며, 실제 발음과 동일하지 않을 수 있습니다. 정확한 발음은 네이티브 MP3를 통해 확인해 주세요.

② 박자를 지켜주세요!

한국어 독음에 '‒'이 나오면 장음이므로 앞 글자를 1박자 더 길게 발음해 주세요. '·'이 나오면 촉음 또는 발음이므로 1박자를 지켜서 발음해 주세요.

③ 맞춤법은 슬쩍 넘어가 주세요!

맞춤법이 맞지 않는 경우가 있습니다. 암기를 우선시하여 만든 공부법이므로 맞춤법이 틀려도 살짝 눈감아 주시고 재미있게 외워 주세요.

뒹굴면서 외우는
다시마빵의
고ゴロ고ゴロ
일본어

일본어를 시작하는 분이라면 꼭 알아야 할 기초 어휘부터 현지에서 자주 쓰이는 생활 어휘까지 약 480개를 수록했습니다 한국인 학습자에게 맞춰 가나다순으로 나열했으니 모르는 단어는 한국어로 쉽게 찾아보세요!

Track 01

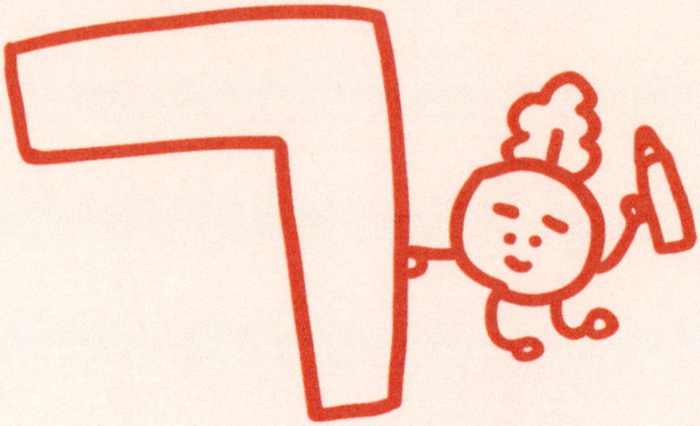

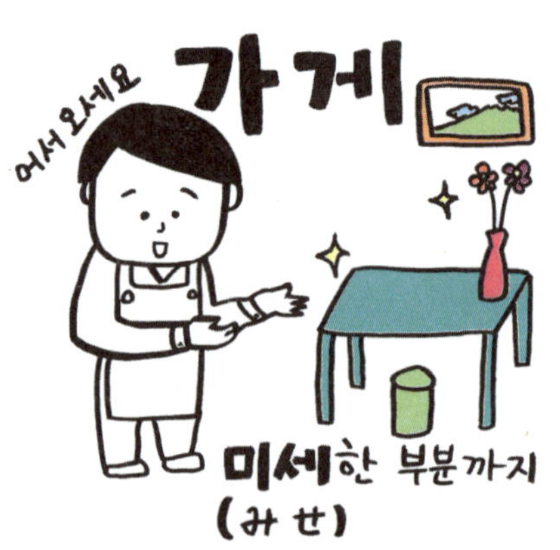

001 | 가게

명사/장소

미 세
みせ [店]

미세한 부분까지 신경 쓰는 가게

가게에 들어가면 손님을 위해 아주 미세한 부분까지 신경 쓴 곳들이 있어요. 가게의 미세한 서비스가 손님을 또 가고 싶게 만들죠.

예문

✖ ここは若者(わかもの)に人気(にんき)のお店(みせ)です。
코코와 와카모노니 닝 · 키노 오**미세**데스
→ 여기는 젊은 사람에게 인기 있는 **가게**예요.

✖ この間(あいだ)、言(い)ってた店(みせ)行(い)く？
코노아이다(코나이다)잇 · 테다 **미세** 이쿠
→ 지난번에 말했던 **가게** 갈래?

Tip

'みせ'에 'お'를 붙여서 'おみせ'라고도 해요. 'お'가 붙으면 조금 더 고운 말이 돼요.

002 | 가깝다

い형용사/상태

치 카 이
ちかい [近い]

가까운 치과에서 이~

가까운 곳에 있으면 좋은 건 뭘까요? 바로 치과! 치과에 갈 일이 있으면 '가까운 치과에서 이~' 하면서 외워보세요!

예문

✖ 駅からホテルまで近いですか。
에키카라 호테루마데 **치카이데스카**
→ 역에서 호텔까지 **가깝습니까?**

✖ 家の近くに病院があります。
이에노 **치카쿠니** 뵤―잉 · 가 아리마스
→ 집 **가까이에** 병원이 있어요.

💡 **Tip**

'가까이에 있다'라고 할 때의 '가까이'는 'ちかく' 라고 해요.

---

003 | 가다

동사/행동

이 쿠
いく [行く]

입구로 가다.

지하철에서 내렸는데 어디로 갈까요? 일단 입구를 찾아서 갑시다! 가는 곳은 입구입니다.

예문

✖ 明日、日本に行きます。
아시타 니혼 · 니 **이키마스**
→ 내일 일본에 **갑니다.**

✖ 週末は遊園地に行く！
슈―마츠와 유―엔 · 치니 **이쿠**
→ 주말에 놀이공원에 **갈래!**

💡 **Tip**

실제 발음은 'ㅂ' 받침을 뺀 '이꾸'에 가까워요. 일 본어 う단은 입 모양을 'ㅜ'에 가깝게 하고, 소리는 'ㅜ'와 'ㅡ'의 사이로 발음해야 자연스러워요.

004 | 가랑비

코 사 메
こさめ [小雨]

고3에 가랑비를 맞았다.

고3에 가랑비를 맞으면 감기 걸릴까봐 걱정이죠? 가랑비가 내리면 나의 고3 시절을 생각해봐요.

예문

❌ 急に小雨が降りだしました。
큐ー니 **코사메**가 후리다시마시타

→ 갑자기 **가랑비**가 내리기 시작했습니다.

❌ 小雨が止んで、虹が出ました。
코사메가 얀 · 데 니지가 데마시타

→ **가랑비**가 그치고 무지개가 떴어요.

Tip

비는 한자로 '雨'라고 쓰고 'あめ'라고 발음해요.
가랑비는 '雨' 앞에 '小'가 붙어서 발음이 바뀌어
'こさめ'가 된 점 유의하세요.

---

005 | 가볍다

카 루 이
かるい [軽い]

가루는 가벼워.

밀가루, 빵가루, 콩가루 등 가루는 불면 날아갈 정도로 가벼워요.

예문

❌ このスーツケースは軽いです。
코노 스ー츠케ー스와 **카루이데스**

→ 이 여행 가방은 **가볍습니다**.

❌ 軽いノートパソコンを買いました。
카루이 노ー토파소콩 · 오 카이마시타

→ **가벼운** 노트북을 샀어요.

Tip

'가루'에 '이'를 붙여서 '가루이'라고 외워봐요.

006 | 가성비

コスパ
코 스 파

코앞의 슈퍼는 가성비가 좋다.

가성비 좋은 슈퍼는 코앞에 있으면 좋겠죠?

✖ この商品はコスパがいいね。
코노 쇼―힝 · 와 **코스파**가 이―네
→ 이 상품은 **가성비**가 좋네.

✖ コスパがいい車を買いたいです。
코스파가 이― 쿠루마오 카이타이데스
→ **가성비**가 좋은 차를 사고 싶어요.

Tip

'コストパフォーマンス(cost performance)'를
줄여서 '코스パ'라고 해요.

---

007 | 가슴

むね [胸]
무 네

가슴을 무네.

강아지가 주인 가슴을 물어버렸어요. 아무리
새끼강아지라고 해도 가슴을 물리면 아프겠
죠?

✖ 胸が痛いです。
무네가 이타이데스
→ **가슴**이 아파요.

✖ この服は胸の部分がきついです。
코노 후쿠와 **무네**노 부붕 · 가 키츠이데스
→ 이 옷은 **가슴** 부분이 껴요.

Tip

일본어는 'むねをかす(胸を貸す: 한 수 가르치다)',
'むねをかりる(胸を借りる: 한 수 배우다)'라는 관용
어가 있어요.

008 | 가위

명사/물건

はさみ
하 사 미

하교길에 **가위** 삼

하교길에 가위를 사려고 하네요. 문방구는 하교길에 많죠? 내일 수업에서 필요한가 봐요.

예문

✗ はさみを貸してください。

하사미오 카시테 쿠다사이
→ **가위**를 빌려주세요.

✗ はさみで紙を切ります。

하사미데 카미오 키리마스
→ **가위**로 종이를 잘라요.

Tip

'끼다'는 'はさむ(挟む)'라고 해요. 가위는 두 날 사이에 물건을 끼워 자르기 때문에 'はさみ'라고 한답니다. 참고로 빨래집게는 'せんたくばさみ(洗濯ばさみ)', 불집게는 'ひばさみ(火ばさみ)'라고 해요.

---

009 | 가재

명사/생물

ザリガニ
자 리 가 니

가재야, 네 **자리 가니?**

가재는 야행성이어서 낮에는 숨어 있을 때가 많아요. 낮에 가재가 나와 있으면 '네 자리 가니?'라고 물어보세요.

예문

✗ 家でザリガニを飼っています。

이에데 **자리가니**오 캇·테 이마스
→ 집에서 **가재**를 키우고 있어요.

✗ 小さいとき、ザリガニ捕りをした。
치－사이토키 **자리가니**토리오 시타
→ 어릴 때 **가재잡기**를 했다.

Tip

한국어에는 [z] 발음이 없어서 'ざ[za]'를 'じゃ[ja]'로 잘못 발음하는 경우가 많아요. 발음을 신경 써서 말해봅시다. Z ㅏ 리가니!

010 | 가정

명사/일상생활

かてい [家庭]
카 테 -

가정은 소중한 것 같애.

가정이란 존재는 너무 당연해서 깊이 생각할 때가 많지 않지만, 잘 생각해 보면 역시 '소중한 것 같애'요.

예문

今日は家庭訪問の日です。
코ー와 **카테**ー호ー몬 · 노 히데스
→ 오늘은 가정 방문 날입니다.

幸せな家庭を築きたいです。
시아와세나 **카테**ー오 키즈키타이데스
→ 행복한 가정을 이루고 싶어요.

Tip

'같애~'라고 길게 발음하세요.

---

011 | 가지

명사/채소

なす [茄子]
나 스

가지전과 함께 낮술

점심에 가지전을 부쳤더니 낮술이 당기네요. 가지 요리는 가볍게 낮술 안주로 딱이에요!

예문

ナスの炒め物を作りました。
나스노 이타메모노오 츠쿠리마시타
→ 가지볶음을 만들었습니다.

私はナスの食感が嫌いです。
와타시와 **나스**노 쇽 · 캉 · 가 키라이데스
→ 저는 가지 식감이 싫어요.

Tip

지역마다 다르지만 동일본에서는 'なす', 서일본에서는 'なすび'라고 부르는 지역이 많아요.

명사/조미료

쇼 유
しょうゆ [醬油]

간장으로 그림을 그리는 쇼~유

간장을 먹물처럼 사용해서 그림을 그리고 있어요. 이런 쇼가 어딘가에 있겠죠?

예문

✗ 醬油ラーメンひとつください。
쇼―유라―멘 · 히토츠 쿠다사이
→ 간장라면 하나 주세요.

✗ 醬油をかけるとおいしいです。
쇼―유오 카케루토 오이시―데스
→ 간장을 뿌리면 맛있어요.

Tip

'쇼~'를 길게 발음해 주세요.

명사/직업

캉 · 고 시
かんごし [看護師]

간호사가 간 곳이 어디예요?

간호사는 언제나 바빠요. 일본도 간호사는 일손이 부족한 상태예요. 그래서 간호사가 어디 갔는지 물어봐야 해요.

예문

✗ 看護師さんを呼んでください。
캉 · 고시상 · 오 욘 · 데 쿠다사이
→ 간호사를 불러주세요.

✗ 将来の夢は看護師です。
쇼―라이노 유메와 캉 · 고시데스
→ 장래 희망은 간호사예요.

Tip

환자는 'かんじゃ(患者)'라고 하고, 간호사 호출벨은 'ナースコール'라고 해요.

014 | 감자

명사/채소

쟈 가 이 모
じゃがいも

자가용 타고 이모가 감자를 갖고 왔다.

이모가 감자를 많이 캤나봐요. 자가용을 타고 갖다 주러 왔어요.

✖ じゃがいもでサラダを作ります。

쟈가이모데 사라다오 츠쿠리마스
→ **감자**로 샐러드를 만들어요.

✖ 畑でじゃがいもを掘ります。

하타케데 **쟈가이모**오 호리마스
→ 밭에서 **감자**를 캐요.

💡 Tip

'いも(芋)'는 감자, 고구마, 마, 토란 등의 총칭이에요. 감자는 자카르타에서 와서 'じゃがいも'가 되었어요.

---

015 | 강

명사/장소

카 와
かわ [川]

강에서 가지고 와.

강에 있는 것들로 무언가 만들고 있네요. 강에는 돌, 모래, 잡초 등 가지고 와서 쓸 수 있는 것들이 많죠.

✖ 川で泳ぎます。

카와데 오요기마스
→ **강**에서 헤엄쳐요.

✖ 大きくて長い川です。

오-키쿠테 나가이 **카와**데스
→ 크고 긴 **강**이에요.

💡 Tip

한강처럼 크지 않은 하천이나 개천도 'かわ(川)'라고 불러요.

016 | 갖고 싶다

호시 ―
ほしい [欲しい]

혹시 갖고 싶은 게 있나요?

사람마다 갖고 싶은 건 다르겠죠? 선물할 때는 '혹시…'하고 물어보고 상대방이 갖고 싶은 걸 주면 좋아할 거예요!

예문

 誕生日プレゼント、何がほしい？
탄·죠―비 프레젠·토 나니가 **호시―**
→ 생일 선물 뭘 갖고 싶어?

 新しいスマホがほしいです。
아타라시― 스마호가 **호시―데스**
→ 새로운 스마트폰을 갖고 싶어요.

Tip

'~을/를 갖고 싶다'는 일본어로 '~がほしい'라고 해요. 조사는 'を'가 아닌 'が'를 쓰는 점 유의하세요.

017 | 같이

잇 · 쇼 니
いっしょに [一緒に]

같이 있스니

같이 있스니(있으니) 행복하네요.

예문

 一緒に行こう！
잇·쇼니 이코―
→ 같이 가자!

 一緒に写真を撮ってください。
잇·쇼니 샤싱·오 톳·테 쿠다사이
→ 같이 사진을 찍어주세요.

Tip

발음은 '있쇼니'로 하면 더 자연스러워요.

018 | 개

이 누
いぬ [犬]

 이 누워 있는 개!

개는 더울 때 시원한 바닥에 배를 대고 몸을 식혀요. 그런데 할아버지가 누워 있는 개한테 뭐라고 하네요.

예문

いぬ　か
× **犬**を飼っています。
이누오 캇 · 테 이마스
→ **개**를 키우고 있어요.

いぬ　　いっぴき　ね
× **犬**が1匹寝ています。
이누가 입 · 삐키 네테 이마스
→ **개** 한 마리가 자고 있어요.

Tip

한국어처럼 속어로는 사용하지 않아요.

---

019 | 개다

타 타 무
たたむ [畳む]

다다미방에서 빨래를 개다.

실제로 다다미방에서 빨래를 개기도 해요. 다다미의 주재료인 등심초는 향이 좋고 방의 공기를 정화해 주는 효과가 있어요.

예문

ふ　とん　　　たた
× **布団**を**畳**みます。
후통 · 오 **타타**미마스
→ 이불을 **개**요.

せんたくもの　　たた　　　　　めんどう
× **洗濯物**を**畳**むのが**面倒**くさい。
센 · 타쿠모노오 **타타무**노가 멘 · 도ー쿠사이
→ 빨랫감을 **개**는 것이 귀찮다.

Tip

'たたむ(畳む)'는 '접다'라는 뜻도 있어요. 등심초를 겹쳐서 접고, 짜서 만들기 때문이에요.

020 | 거짓말

우 소
うそ [嘘]

그 사람은 **거짓말**만 하면 **웃어**.

거짓말을 하면 얼굴에 티가 나는 친구가 있죠? 이 친구는 거짓말을 하면 웃어버리나 봐요. 다 들키겠네요.

예문

✖ それは嘘です。
소레와 **우소**데스
→ 그건 **거짓말**이에요.

✖ 嘘をつかないでください。
우소오 츠카나이데 쿠다사이
→ **거짓말**을 하지 마세요.

Tip

거짓말쟁이는 'うそつき(嘘つき)'라고 하고, '거짓말을 하다'는 'うそをつく(嘘をつく)'라고 해요.

---

021 | 걱정

심 · 파 이
しんぱい [心配]

신파 영화를 보면 **걱정**이 많아진다.

신파 영화를 보면 감동을 받는 한편, 걱정되는 장면이 많이 나오는 것 같아요.

예문

✖ それは心配ですね。
소레와 **심 · 파이**데스네
→ 그건 **걱정**이네요.

✖ ずっと心配していました。
즛 · 토 **심 · 파이**시테 이마시타
→ 계속 **걱정**하고 있었어요.

Tip

'걱정하다'는 'しんぱいする(心配する)'라고 해요.

022 | 건너다

와 타 루
わたる [渡る]

`동사/행동`

왔다리 갔다리 다리를 건너다.

할머니가 짐을 업고 왔다리 갔다리 다리를 건너네요.

`예문`

はし わた
× 橋を渡ります。
하시오 **와타리마스**
→ 다리를 **건너요**.

えきまえ おうだんほどう わた
× 駅前の横断歩道を渡った。
에키마에노 오ー단·호도ー오 **와탓·타**
→ 역 앞의 횡단보도를 **건넜다**.

Tip
기본형은 'わたる(渡る)'예요. '건넙니다'는 'わたります(渡ります)'라고 해요.

---

023 | 걷다

아 루 쿠
あるく [歩く]

`동사/행동`

너무 많이 걸어서 앓구 있다.

일본 여행을 가서 하루 종일 걸었나봐요. 그래서 지금 앓구(앓고) 있어요.

`예문`

いえ ある
× 家まで歩きます。
이에마데 **아루키마스**
→ 집까지 **걸어요**.

えき ある じゅっぷん
× 駅まで歩いて10分かかります。
에키마데 **아루이테** 쥽·뿡· 카카리마스
→ 역까지 걸어서 10분 **걸려요**.

Tip
만보기는 'まんぽけい(万歩計)', '달리다'는 'はしる(走る)'라고 해요.

024 | 걸다

카 케 루
かける [掛ける]

가게로 전화를 걸다.

일본 술집 예약을 위해 가게로 전화를 걸고 있어요. 전화를 자주 거는 곳은 가족과 친구, 회사 동료 다음으로 가게 아닐까요?

예문

 友達に電話をかけます。
토모다치니 뎅・와오 **카케마스**

→ 친구에게 전화를 **걸어요.**

 5分後に電話をかけてください。
고훙・고니 뎅・와오 **카케테** 쿠다사이

→ 5분 후에 전화를 **걸어주세요.**

Tip

발음은 '로'를 '루'로 바꾸면 더 자연스러워요.

---

025 | 결정

키 마 리
きまり [決まり]

오늘 저녁은 김말이로 결정~!

저녁 메뉴를 결정하는 건 참 어렵죠? 오늘은 간편하게 김말이로 결정~!

예문

夕飯は餃子で決まり！
유―항・와 교―자데 **키마리**

→ 저녁밥은 만두로 **결정!**

 今日のデートは遊園地で決まり！
코―노 데―토와 유―엔・치데 **키마리**!

→ 오늘 데이트는 놀이공원으로 **결정!**

Tip

발음을 '키마리'라고 해야 더 자연스러워요. 한국어 한자어와 동일하게 'けってい(決定)'라고도 해요.

026 | 결혼

명사/일상생활

켁 · 콩 ·
けっこん [結婚]

개콘 결혼식

개콘(개그콘서트)에서 만난 두 사람이 결혼했어요. 개그 연습을 하면서 친해졌나 봐요!

예문

今年結婚する予定です。
코토시 켁 · 콘 · 스루 요테ー데스
→ 올해 **결혼**할 예정이에요.

早く結婚したいです。
하야쿠 켁 · 콘 · 시타이데스
→ 빨리 **결혼**하고 싶어요.

Tip

'결혼하다'는 'けっこんする(結婚する)'라고 해요.
이혼은 'りこん(離婚)'라고 해요.

---

027 | 경찰

명사/직업

케ー사츠
けいさつ [警察]

그 **경찰**이 **케익 샀지**?

경찰이 아내 생일을 축하하려고 케이크를 샀어요! 동료에게 들켜버려서 쑥스러워하네요.

예문

警察官になりたいです。
케ー사츠칸 · 니 나리타이데스
→ **경찰**관이 되고 싶어요.

警察署はどこですか。
케ー사츠쇼와 도코데스카
→ **경찰**서는 어디예요?

Tip

일본의 경찰차는 하얀색과 검정색 디자인이에요.
경찰차는 'パトカー'라고 해요.

명사/일상생활

카 이 당 ·
かいだん [階段]

나이스 가이가 계단을 2단씩 올라가다.

보통 사람들은 계단을 1단씩 오르지만, 나이스 가이는 멋있는 척을 하면서 2단씩 올라가고 있네요.

예문

かいだん　あが
※ **階段**を**上**がります。
카이당 · 오 아가리마스
→ 계단을 올라가요.

かいだん　はし　ある
※ **階段**では**走**らず**歩**きます。
카이단 · 데와 하시라즈 아루키마스
→ 계단에서는 뛰지 말고 걸어요.

Tip

비상계단은 'ひじょうかいだん(非常階段)'이라고 해요. 일본은 지진이 많기 때문에 호텔에 묵을 때는 확인이 필수예요.

명사/음식

타 마 고
たまご [卵]

계란 다 먹어.

배고파 보이는 아이에게 인심 좋은 아주머니가 계란을 삶아줬어요. 아이는 계란을 허겁지겁 먹고 있네요. 계란 다 먹어~

예문

たまご や　　つく
※ **卵焼**きを**作**ります。
타마고야키오 츠쿠리마스
→ 계란말이를 만들어요.

たまご　　わ
※ **卵**が**割**れました。
타마고가 와레마시타
→ 계란이 깨졌어요.

Tip

'타마고치'라는 장난감은 계란 'たまご(卵)'와 시계 'watch(워치)'를 합친 상품명이에요.

030 | ~고 싶다

보조형용사/감정

타 이
~たい

타이마사지를 받고 싶다.

태국에 가면 꼭 타이마사지를 받아봐야 하죠! 일본에서 '타이'라는 소리를 들으면 그건 태국의 타이가 아니라 뭔가를 하고 싶다는 뜻일 수도 있어요.

예문

 日本に行きたいです。
니혼・니 이키**타이**데스
→ 일본에 가고 **싶어요.**

 今日は休みたいです。
쿄ー와 야스미**타이**데스
→ 오늘은 쉬고 **싶어요.**

Tip

'たい' 앞에는 동사가 와요. '보고 싶다'는 'みたい(見たい)', '먹고 싶다'는 'たべたい(食べたい)'라고 해요.

---

031 | 고구마

명사/채소

사 츠 마 이 모
さつまいも

고구마 사지 마 이모

아직 집에 고구마가 많은데 이모가 계속 사려고 해요. 가을엔 고구마만 한 간식이 없죠?

예문

 さつまいもで大学芋を作ります。
사츠마이모데 다이가쿠이모오 츠쿠리마스
→ **고구마**로 고구마맛탕을 만들어요.

母はさつまいもが好きです。
하하와 **사츠마이모**가 스키데스
→ 엄마는 **고구마**를 좋아해요.

Tip

'사지 마 이모'에서 '지'를 '츠'로 발음하면 더 자연스러워요.

032 | 고기

니 쿠
にく [肉]

이 **고기**는 **니 꺼**

고기를 구워 먹는데 남자 친구가 잘 챙겨주네요. '이 고기는 니 꺼(네 것)~'라고 하며 잘 구워진 고기를 앞접시에 올려주고 있어요. 고기는 역시 같이 먹는 게 더 맛있죠.

예문

 肉と魚を買います。
니쿠토 사카나오 카이마스
→ **고기**랑 생선을 사요.

私は肉料理が好きです。
와타시와 **니쿠**료ー리가 스키데스
→ 저는 **고기** 요리를 좋아해요.

Tip

'꺼'를 '꾸'로 발음하면 더 자연스러워요.

---

033 | 고등학교

코 ー 코 ー
こうこう [高校]

고등학교에 명찰 **꽂고** 가요.

고등학교에 가는 길에 명찰을 꽂고 있네요. 일본은 초등학교, 중학교에서 명찰을 착용하지만 범죄와 개인정보보호를 위해 교내에서만 꽂는 학교가 많아요.

예문

 家の近くに高校があります。
이에노 치카쿠니 **코ー코ー**가 아리마스
→ 집 근처에 **고등학교**가 있어요.

 電車で高校に通います。
덴·샤데 **코ー코ー**니 카요이마스
→ 전철로 **고등학교**를 다녀요.

Tip

'꼬~꼬~'라고 발음하면 더 자연스러워요.

034 | 고양이

명사/동물

네 코
ねこ [猫]

고양이는 내 꺼야.

길고양이가 이집 저집 돌아다니면서 보살핌을 받고 있어요. '니 꺼(네 것) 내 꺼(내 것)' 소유권 싸움이 일어날 수도 있겠죠!?

예문

猫が寝ています。
네코가 네테이마스
→ **고양이**가 자고 있어요.

私は猫が大好きです。
와타시와 네코가 다이스키데스
→ 저는 **고양이**를 매우 좋아해요.

Tip
> 길고양이는 'のらねこ(野良猫)'라고 해요.

---

035 | 고추

명사/채소

토 - 가 라 시
とうがらし [唐辛子]

고추를 또 갈아? 씨까지?

고추를 믹서기로 갈면 온 집안이 매워져요. 근데 또 갈려고 해요. 그것도 씨까지. 그만〜!

예문

唐辛子を入れます。
토ー가라시오 이레마스
→ **고추**를 넣어요.

これは辛い唐辛子です。
코레와 카라이 **토ー가라시**데스
→ 이건 매운 **고추**예요.

Tip
> 고추장은 일본어로도 'コチュジャン'라고 해요.

036 | 고치다

동사/행동

나 오 스
なおす [直す]

고칠 때 나 옷을 뭐 입을까?

자동차를 고치기 전에 어떤 옷을 입을지 고민하고 있어요. 고칠 때는 옷이 더러워지니까 고민되겠죠?

예문

✖ 車を直してください。
쿠루마오 **나오시테** 쿠다사이
→ 차를 고쳐주세요.

✖ 壊れたパソコンを直します。
코와레타 파소콩 · 오 **나오시마스**
→ 고장난 컴퓨터를 고쳐요.

Tip

다른 동사와 합해져 복합동사로도 많이 사용해요. (예) かきなおす(書き直す) 다시 쓰다 | みなおす(見直す) 다시 보다 | かんがえなおす(考え直す) 다시 생각하다

---

037 | 공기

명사/자연

쿠 ― 키
くうき [空気]

공기 중에 쿠키 냄새가 난다.

등산 갔다가 내려오는 길이에요. 맛있는 쿠키 냄새가 공기 중에 떠돌고 있어요. 쿠키향 공기가 맛있네요!

예문

✖ 空気がおいしいです。
쿠―키가 오이시―데스
→ 공기가 맛있어요.

✖ きれいな空気を吸います。
키레―나 **쿠―키**오 스이마스
→ 깨끗한 공기를 마셔요.

Tip

'쿠'를 길게 '쿠~키'라고 발음하면 더 자연스러워요.

038 | 공무원

명사/직업

코 ‐ 무 잉 ‐
こうむいん [公務員]

공무원이 고무인을 찍는다.

공무원이 결재를 받고 고무인을 찍고 있어요. 공무원에게 고무인은 필수 아이템이죠.

예문

※ **公務員**になりたいです。
코‐무인 · 니 나리타이데스
→ **공무원**이 되고 싶어요.

※ **公務員**試験に**合格**しました。
코‐무인 · 시켄 · 니 고‐카쿠시마시타
→ **공무원** 시험에 합격했어요.

Tip

'고'를 길게 '고~무인'으로 발음하면 더 자연스러워요. 참고로 일본에서도 공무원은 인기 직업이에요.

---

039 | 공부하다

동사/행동

벵 · 쿄 ‐ 스 루
べんきょうする [勉強する]

공부를 잘하는 벽고수를 만났다.

어떻게 하면 공부를 잘할 수 있는지 알아보는 중에 벽에 메모지를 붙이면서 공부하는 벽고수를 만났어요. 이 방법이면 공부를 잘할 수 있겠군요!

예문

※ **勉強**してから**遊**びます。
벵 · 쿄‐시테카라 아소비마스
→ **공부하고** 나서 놀아요.

※ **一生懸命勉強**します。
잇 · 쇼‐켐 · 메‐ 벵 · 쿄‐시마스
→ 열심히 **공부해요**.

Tip

한국어의 '공부'는 한자로 '工夫'예요. 하지만 일본어의 '工夫'는 'くふう'라고 읽으며 궁리, 고안을 의미한답니다.

040 | 공원

코 ― 엥 ·
こうえん ［公園］

코엔 공원

나무가 많은 공원 공기는 코에도 좋겠죠. 코엔 공원!

예문

✗ こうえん あ
公園で会いましょう。
코ー엔 · 데 아이마쇼ー
→ **공원**에서 만납시다.

✗ こ ども つ こうえん い
子供を連れて**公園**に行きます。
코도모오 츠레테 **코ー엔** · 니 이키마스
→ 아이를 데리고 **공원**에 가요.

Tip
'코'를 길게 '코~엔'이라고 하면 더 자연스러워요.

---

041 | 과거

카 코
かこ ［過去］

과거는 지나가고

과거는 지나가고 우리는 현재를 살아요.

예문

✗ か こ はなし
過去の話をします。
카코노 하나시오 시마스
→ **과거**의 이야기를 해요.

✗ か こ で きごと みず なが
過去の出来事は水に流そう。
카코노 데키고토와 미즈니 나가소ー
→ **과거**의 일은 물에 흘려보내자.

Tip
현재는 'げんざい(現在)', 미래는 'みらい(未来)'라고 해요.

042 | 과일

명사/음식

쿠 다 모 노
くだもの [果物]

과일 바구니 그거 다 뭐노?

손자가 할머니를 위해 과일 바구니를 준비했
나 봐요. 할머니는 기쁘면서도 물어봐요. '그거
다 뭐노?'

예문

❌ どんな果物が好きですか。 
돈 · 나 **쿠다모노**가 스키데스카

→ 어떤 **과일**을 좋아해요?

✅ 最近、果物の値段が高いです。 
사이킹 · **쿠다모노**노 네당 · 가 타카이데스

→ 요즘 **과일** 가격이 비싸요.

Tip

'くだ(果)'는 '나무에 열리다'라는 어원이 있고, 'も
の(物)'는 '것'이라는 의미예요. 즉 'くだもの(果物)'
는 '나무에서 열리는 것=과일'을 뜻합니다.

---

043 | 과자

명사/음식

오 카 시
おかし [お菓子]

과자에서 오~ 가시가 나왔어!

일본에는 말린 생선 과자가 많아요. 과자에서
가시가 나올 때도 많죠. 바삭바삭하고 맛있어
요.

예문

❌ コンビニでお菓子を買います。 
콤 · 비니데 **오카시**오 카이마스

→ 편의점에서 **과자**를 사요.

✅ 弟がお菓子を買ってと言います。 
오토ー토가 **오카시**오 캇 · 테토 이ー마스

→ 남동생이 **과자**를 사달라고 해요.

Tip

비슷한 말로 'おやつ'가 있는데 '간식'이라는 뜻이
에요.

044 | 괜찮다

다 이 죠 ─ 부 다
だいじょうぶだ [大丈夫だ]

괜찮아, 다 잊어버리다.

엄마가 아이에게 괜찮다고 이야기하면서 다 잊어버리라고 하고 있어요.

> **예문**

からだ　　だいじょう ぶ
体は大丈夫ですか。
카라다와 **다이죠─부**데스카
→ 몸은 **괜찮아요**?

いそが　　　　　　　だいじょう ぶ
忙しそうだけど、大丈夫？
이소가시소─다케도 **다이죠─부**
→ 바빠 보이는데 **괜찮아**?

Tip

정중하게 '괜찮아요'라고 말할 때는 'だいじょうぶ
です(大丈夫です)'라고 해요.

---

045 | 괴물

바 케 모 노
ばけもの [化け物]

밖에 뭐노?! 괴물이다!

창문을 봤더니 밖에 무언가 있어요. 놀라서 '밖에 뭐노?!'라고 외쳤는데 정체는 괴물이었어요. 꺅〜

> **예문**

え ほん　　ば　もの　　で
絵本に化け物が出てきます。
에혼 · 니 **바케모노**가 데테 키마스
→ 그림책에 **괴물**이 나와요.

ば　もの　　に
化け物だ！逃げろ！
바케모노다 니게로
→ **괴물**이다! 도망쳐!

Tip

괴물은 'かいぶつ(怪物)' 또는 'モンスター'라고도
해요.

046 | 교사

쿄 - 시
きょうし [教師]

교사도 학교 시러.

교사가 '학교 시러(싫어)'라고 하고 있어요.
아이들이 좋아서 교사가 되었지만, 다른 문제
로 인해 학교가 가기 싫어지기도 할 것 같아요.

예문

※ 父は教師です。
치치와 **쿄-시**데스
→ 아버지는 **교사**예요.

※ 教師は大変です。
쿄-시와 타이헨 · 데스
→ **교사**는 힘들어요.

Tip

일본에서는 학교에 무리한 요구를 하는 부모를
'モンスターペアレント(monster parent)'라고
해요.

---

047 | 교실

쿄 - 시 츠
きょうしつ [教室]

교실에서 sit down

원어민 선생님이 영어 교실에서 'sit down'하
면서 앉으라고 하고 있어요.

예문

※ 教室を掃除します。
쿄-시츠오 소-지시마스
→ **교실**을 청소해요.

※ みんな教室に入ってください。
민 · 나 **쿄-시츠**니 하잇테 쿠다사이
→ 모두 **교실**에 들어가세요.

Tip

한국어 '교실'과 발음이 비슷해요. '실'의 'ㄹ' 받침
이 일본어 'つ'가 되는 경우가 많아요.

こうつう [交通]

명사/일상생활

교통을 불편하게 만드는 고추 말림

고추를 말리는 시기가 되면 차도까지 고추가 차지해 교통이 살짝 마비될 때도...?

예문

※ 交通費が高いです。
コーツーひが 타카이데스
→ 교통비가 비싸요.

※ 交通ルールを守りましょう。
コーツールーるオ 마모리마쇼ー
→ 교통법규를 지킵시다.

Tip

'고추'를 길게 '고~추~'라고 하면 더 자연스러워요.

あな [穴]

명사/일상생활

구멍 난 거 아나?

구멍은 내가 모르는 사이에 날 때가 많죠? 민망하지만 누군가가 알려줘서 깨닫는 경우가 많아요. '구멍 난 거 아나?'처럼요.

예문

※ 木に穴を開けます。
키니 **아나**오 아케마스
→ 나무에 구멍을 뚫어요.

※ ズボンに穴が開きました。
즈본・니 **아나**가 아키마시타
→ 바지에 구멍이 났어요.

Tip

'구멍이 뚫리다'는 'あながあく(穴が開く)'라고 해요.

050 | 구슬

명사/물건

타 마
たま [玉]

구슬을 담아

구슬은 동그래서 어딘가에 담아 두지 않으면 굴러가서 잃어버려요. 그래서 구슬은 담아야 해요.

예문

✖ きれいな玉を集めます。

키레ー나 **타마**오 아츠메마스
→ 예쁜 **구슬**을 모아요.

✖ 玉が転がっていきます。

타마가 코로갓 · 테 이키마스
→ **구슬**이 굴러가요.

Tip

계란을 'たまご'라고 하는 이유는 계란이 구슬처럼 동그란 모양이기 때문이에요.

---

051 | 귤

명사/음식

미 캉 ·
みかん

귤이 밑 칸에 들어있다.

냉장고 가장 밑 칸에 귤을 보관해 놓았어요. 밑 칸은 신선함 유지가 잘 돼죠. 귤이 가득 있네요.

예문

✖ みかんを箱で買いました。

미캉 · 오 하코데 카이마시타
→ **귤**을 박스로 샀어요.

✖ みかんの皮をむいて食べます。

미캉 · 노 카와오 무이테 타베마스
→ **귤** 껍질을 벗기고 먹어요.

Tip

일본의 귤 수확량 1위는 와카야마 현, 2위는 에히메 현이에요.

 かれ [彼]

인칭대명사

かれ[彼]
카 레

그의 카레

카레를 서빙하고 있는 멋쟁이 남자를 가리키고 있어요. 그의 카레는 얼마나 맛있을까요?

예문

❌ 彼は医者です。
카레와 이샤데스
→ 그는 의사예요.

❌ 彼は私の弟です。
카레와 와타시노 오토―토데스
→ 그는 내 남동생이에요.

Tip

'かれ(彼)'에 'し(氏)'를 붙여 'かれし(彼氏)'라고 하면 남자 친구라는 뜻이에요.

それ

지시대명사

それ
소 레

그것은 소래.

한 아이가 그것은 뭐냐고 물어보니 동물 도감을 보고 '소래'라며 알려주고 있어요.

예문

❌ それは何ですか。
소래와 난 · 데스카
→ 그것은 무엇입니까?

❌ それはちょっと…。
소래와 춋 · 토
→ 그건 좀…

Tip

'それ'는 말하는 사람과 듣는 사람으로부터 너무 멀지 않은 거리에 있는 것을 가리켜요. 또는 듣는 사람 가까이에 있는 것을 가리킬 때 사용해요.

054 | 그러면

쟈 ー
じゃあ

자~ 그러면

선생님이 수업을 시작할 때 '자~ 그러면'이라
고 하고 있어요. '자'는 '그러면'이라는 뜻이에
요.

예문

✗ じゃあ、授業を始めましょうか。
쟈ー 쥬교ー오 하지메마쇼ー카
→ **그러면**, 수업을 시작할까요?

✗ じゃあ、行きましょう。
쟈ー 이키마쇼ー
→ **그럼**, 갑시다.

Tip

한국어의 '자~'는 주의를 불러일으키는 감탄사지
만 일본어의 'じゃあ'는 부사예요.

---

055 | 그렇다

소 ー 다
そうだ

난 소다, 그렇다.

소가 스스로 '난 소다'라고 말하는데 당연히
그렇다고 끄덕거리는 모습이에요.

예문

✗ そうだ。私が社長だ。
소ー다 와타시가 샤쵸ー다
→ **그렇다**. 내가 사장이다.

✗ そうだ。それで合っている。
소ー다 소레데 앗・테 이루
→ **그렇다**. 그걸로 맞다.

Tip

'그래요'라고 정중하게 말할 때는 'そうです'라고
해요.

명사/취미

에
え [絵]

그림을 보고 에?!

뭘 그렸는지 이해 못 하는 난해한 그림이 있죠? '에?! 이게 그림이라고? 나도 그릴 수 있겠다.'

예문

 絵を描きます。
에오 카키마스
→ 그림을 그려요.

 部屋に絵を飾ります。
헤야니 에오 카자리마스
→ 방에 그림을 장식해요.

Tip

'그림을 그리다'는 '에오카쿠(絵を描く)'라고 해요.
그림책은 '에혼(絵本)'이에요.

동사/행동

야 메 루
やめる [止める/辞める]

야매로 하는 가게에 가는 것을 그만두다.

야매로(무면허로) 하는 가게에는 다니면 안 돼요. 이제 안 간다고 마음먹었네요.

예문

会社を辞めます。
카이샤오 야메마스
→ 회사를 그만둬요.

たばこを止めます。
타바코오 야메마스
→ 담배를 그만둬요(그만 펴요).

Tip

'로'를 '루'로 바꿔서 '야매루'라고 하면 더 자연스러워요.

058 | 근데

접속사

데 모
でも

근데 데모

'근데'라고 한 후에는 반대되는 말이 이어져요. 말로 데모하는 거죠.

예문

✗ でも、<ruby>私<rt>わたし</rt></ruby>はそう<ruby>思<rt>おも</rt></ruby>いません。
데모 와타시와 소ー 오모이마셍 ·

→ **근데** 저는 그렇게 생각하지 않아요.

✗ でも、<ruby>私<rt>わたし</rt></ruby>はしたくないです。
데모 와타시와 시타쿠 나이데스

→ **근데** 저는 하고 싶지 않아요.

Tip

'でも'는 '근데, 그렇지만, 그래도,' 등의 의미를 갖고 있어요.

---

059 | 글씨/글자

명사/일상생활

지
じ [字]

지렁이 같은 글씨

히라가나를 쓰는데 지렁이 같은 글씨네요. 히라가나는 부드럽게 원을 그리듯이 쓰면 잘 쓸 수 있어요.

예문

✗ ノートに<ruby>字<rt>じ</rt></ruby>を<ruby>書<rt>か</rt></ruby>きます。
노ー토니 **지**오 카키마스

→ 노트에 **글자**를 써요.

✗ <ruby>先生<rt>せんせい</rt></ruby>は<ruby>字<rt>じ</rt></ruby>がきれいです。
센 · 세ー와 **지**가 키레ー데스

→ 선생님은 **글씨**가 예뻐요.

Tip

한자는 'かんじ(漢字)', 문자는 'もじ(文字)'라고 해요.

060 | 기다리다

마 츠
まつ [待つ]

마치 10년을 기다린 것 같다.

군대 간 남자 친구를 기다리고 있는데 마치 10년을 기다린 것 같아요.

예문

✘ 空港で飛行機を待ちます。
쿠―코―데 히코―키오 **마치마스**
→ 공항에서 비행기를 **기다려요.**

✘ 友達を待っています。
토모다치오 **맛·테** 이마스
→ 친구를 **기다리고** 있어요.

Tip

한국인이 특히 어려워하는 'つ' 발음을 주의해야 돼요. '쓰, 츄, 쯔'로 발음하지 말고, '츠'라고 하면서 가벼운 바람을 내보내는 느낌으로 발음해 보세요.

---

061 | 기르다

카 우
かう [飼う]

카우보이가 소를 기르다.

카우보이는 어떤 동물이라도 잘 기를 것 같아요.

예문

✘ 学校でうさぎを飼っています。
각·코―데 우사기오 **캇·테** 이마스
→ 학교에서 토끼를 **기르고** 있어요.

✘ 昔、牛を飼っていました。
무카시 우시오 **캇·테** 이마시타
→ 옛날에 소를 **기르고** 있었어요.

Tip

'かう(飼う)'는 동물을 기를 때 사용하고, 식물을 기를 때는 'そだてる(育てる)'라고 해요.

062 | 기사

명사/일상생활

키 지
きじ [記事]

기사 웃기지?

아빠가 아들에게 웃긴 기사를 보여주고 있어요. 재미있는 기사로 뉴스에 관심을 가졌으면 하는 마음인 것 같아요.

예문

 新聞記事を読みます。
심 · 붕 · **키지**오 요미마스

→ 신문 **기사**를 읽어요.

 記事を書きます。
키지오 카키마스

→ **기사**를 써요.

Tip

꿩도 'きじ(雉)'라고 하는데 꿩은 한국어 '기사'와 같은 악센트예요.

※ きじ(記事:기사) 고저 악센트
　 きじ(雉:꿩) 저고 악센트

---

063 | 기숙사

명사/장소

료 －
りょう [寮]

기숙사료를 내다.

기숙사는 공짜로 살 수가 없죠. 꼭 기숙사료를 내야죠?

예문

 寮で生活します。
료ー데 세ー카츠시마스

→ **기숙사**에서 생활해요.

一カ月の寮費はいくらですか。
익 · 카게츠노 **료**ー히와 이쿠라데스카

→ 한 달 **기숙사**비는 얼마예요?

Tip

'료~'라고 길게 발음하면 더 자연스러워요.

명사/감정

킨 · 쵸 –
きんちょう [緊張]

긴 초를 끄려니 긴장이 되다.

태권도에서 긴 초를 끄는 시험을 보고 있는 중이에요. 너무 긴장이 돼요.

예문

 初めて会うので緊張します。
하지메테 아우노데 킨 · 쵸ー시마스
→ 처음 만나서 긴장해요.

 会社の面接で緊張しました。
카이샤노 멘 · 세츠데 킨 · 쵸ー시마시타
→ 회사 면접에서 긴장했어요.

Tip

'긴초~'라고 길게 발음하면 더 자연스러워요.

명사/일상생활

미 치
みち [道]

길이 복잡해서 미치겠다.

도쿄의 길은 복잡해서 미치겠어요. 여행 갈 때는 스마트폰 지도가 필수예요.

예문

 ここは道が狭いです。
코코와 미치가 세마이데스
→ 여기는 길이 좁아요.

道に迷いました。
미치니 마요이마시타
→ 길을 잃어버렸어요.

Tip

길치는 'ほうこうおんち(方向音痴)'라고 해요.

066 | 길다

い形容詞/状態

ながい [長い]
나 가 이

이야기가 **길다, 나가!**

상사 앞에서 핑계를 대고 있는지 이야기가 길어요. 화가 나서 나가라고 하네요.

예문

 話が長いです。
하나시가 **나가이데스**
→ 이야기가 **길어요**.

 長い髪を結びます。
나가이 카미오 무스비마스
→ **긴** 머리를 묶어요.

Tip

그림처럼 시간이 길 때도 사용할 수 있고, 거리가 멀 때도 사용할 수 있어요.

---

067 | (먹는) 김

명사/음식

のり [海苔]
노 리

김으로 놀이

김을 이에 붙여서 놀이를 하고 있어요. 일본에서도 많이 하는 김 놀이예요.

예문

 海苔をプレゼントしました。
노리오 프레젠토시마시타
→ **김**을 선물했어요.

 ご飯と一緒に海苔を食べます。
고항 · 토 잇 · 쇼니 **노리**오 타베마스
→ 밥이랑 같이 **김**을 먹어요.

Tip

한국의 김은 'かんこくのり(韓国海苔)'라고 하고 일본에서 인기가 많아요. 또한 접착제의 '풀'도 'のり(糊)'라고 해요.

명사/일상생활

ゆげ [湯気]

김이 식지 않은 사이에 유괴?!

일본 라면집에 갔는데 너무 맛있어 보여서 잠깐 눈 뗀 사이에 유괴?! 아니, 김으로 아이가 안 보였던 거였어요.

예문

✗ お風呂の湯気で見えません。
오후로노 **유게**데 미에마셍 ·
→ 욕실 **김** 때문에 안 보여요.

✗ 湯気でめがねが曇ります。
유게데 메가네가 쿠모리마스
→ **수증기**로 안경이 뿌예져요.

Tip

'유게'라고 발음하면 더 자연스러워요.

조사

まで

마대로 끝까지 닦아라.

학교에서 당번인 친구가 마(포)대(걸레)로 바닥을 닦고 있어요. 교실 끝까지 깨끗하게 닦아야겠죠?

예문

✗ 朝、9 時まで会社に行きます。
아사 쿠지**마데** 카이샤니 이키마스
→ 아침 9시**까지** 회사에 가요.

✗ 大阪まで飛行機に乗って行きます。
오ー사카**마데** 히코ー키니 놋 ·테 이키마스
→ 오사카**까지** 비행기를 타고 가요.

Tip

'まで'에 'に'를 붙인 'までに'는 '～까지 꼭'이라는 뜻으로 마감이나 기한이 있을 때 사용해요.

070 | 깨끗하다

키 레 – 다
きれいだ [綺麗だ]

길에 쓰레기가 없어서 깨끗하다.

일본 여행을 갔는데 길에 쓰레기가 없이 깨끗해서 놀라고 있어요. 길에 쓰레기가 없으니 깨끗하다!

예문

❌ 部屋がきれいです。
헤야가 키레－데스
→ 방이 **깨끗해요.**

✅ きれいに掃除します。
키레－니 소－지시마스
→ **깨끗하게** 청소해요.

Tip
감탄하는 것처럼 '길에~'라고 길게 발음하면 더 자연스러워요.

---

071 | (일본)깻잎

시 소
しそ

(일본)깻잎을 씻어~

'차조기'라는 풀로, 한국의 깻잎과 비슷하게 생겼어요. 일본에서 고명으로도 쓰고 요리에도 많이 사용해요. 먹기 전에 씻어야겠죠?

예문

✅ しその香りが好きです。
시소노 카오리가 스키데스
→ (일본)깻잎 향을 좋아해요.

✅ しそジュースを作ります。
시소쥬－스오 츠쿠리마스
→ (일본)깻잎 주스를 만들어요.

Tip
'しそ'는 모양이 한국 깻잎과 유사하게 생겼지만 향은 훨씬 세답니다.

072 | 꼴찌

비 리
びり

꼴찌는 **비리**다.

초밥집 사장님이 오늘 들어온 생선을 고르고 있어요. 신선도가 떨어지는 꼴찌는 역시 비리네요.

※ 駆けっこはいつもびりです。
카켁 · 코와 이츠모 **비리**데스
→ 달리기는 항상 **꼴찌**예요.

※ また、びりになっちゃった。
마타 **비리**니 낫 · 짯 · 타
→ 또 **꼴찌**가 돼버렸어.

Tip

'꼴찌가 되다'는 'びりになる'라고 해요.

---

073 | 꽃

하 나
はな [花]

꽃은 **하나**만 있어도 예쁘다.

꽃은 하나만 있어도 예뻐요. 많이 피어 있어도 아까워서 하나만 따죠? 그래서 꽃은 '하나'예요.

※ 花が咲いています。
하나가 사이테 이마스
→ **꽃**이 피어 있어요.

※ 私は花が好きです。
와타시와 **하나**가 스키데스
→ 나는 **꽃**을 좋아해요.

Tip

한국어 '하나'와 같은 발음이에요. 신체부위의 코도 'はな(鼻)'라고 해요.

074 | 끄다

동사/행동

케 스
けす [消す]

개수를 세면서 끄다.

생일 케이크 위에 있는 초 개수를 세면서 불을 끄고 있어요. 집 안의 불을 끌 때도 거실, 안방 등 개수 확인을 하면서 꺼보세요.

예문

 エアコンを消します。
에아콩 · 오 케시마스
→ 에어컨을 꺼요.

 電気を消して寝ます。
뎅 · 키오 케시테 네마스
→ 전기를 끄고 자요.

Tip

반대말 '켜다'는 'つける'라고 해요.

---

075 | 꿈

명사/일상생활

유 메
ゆめ [夢]

꿈에서 유명인을 매일 만난다.

요즘 꿈에 유명인이 매일 나와요. 꿈에서는 좋아하는 아이돌 가수, 배우 같은 유명인을 만날 수 있어서 행복해요.

예문

夢を諦めないでください。
유메오 아키라메나이데 쿠다사이
→ 꿈을 포기하지 말아요.

 昨日怖い夢を見ました。
키노― 코와이 유메오 미마시타
→ 어제 무서운 꿈을 꿨어요.

Tip

잠자는 동안 꾸는 꿈과 미래에 실현시키고 싶은 꿈 둘 다 사용할 수 있어요.

076 | 나①/저①

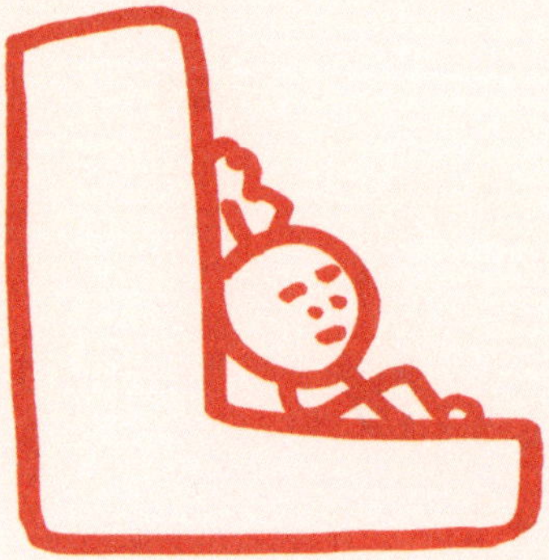

와 타 시
わたし [私]

나만 왔다 갔다, C

아이 키우는 엄마가 바쁘게 왔다 갔다 하네요.
불만이 절로 나와요. '나만 왔다 갔다… C'

예문

✗ 私の名前は花子です。
와타시노 나마에와 하나코데스
→ 저의 이름은 하나코예요.

✗ 私と一緒に行きましょう。
와타시토 잇·쇼니 이키마쇼ー
→ 나와 함께 갑시다.

Tip

회사에서는 남녀 모두 'わたし(私)'라고 하는 게 무
난하지만, 일상생활에서는 남자는 'ぼく(僕)'나 'お
れ(俺)'를 사용할 때가 많아요.

077 | 나②/저②

보 쿠
ぼく [僕]

나 복서

남자가 자기 자신을 '나는 복서'라고 소개해요.

 **僕は中学生です。**
보쿠와 츄ー각·세ー데스

→ 저는 중학생이에요.

 **僕の夢はユーチューバーです。**
보쿠노 유메와 유ー츄ー바ー데스

→ 나의 꿈은 유튜버예요.

Tip

'ぼく(僕)'는 윗사람 앞에서도 쓸 수 있어요.

---

078 | 나③

오 레
おれ [俺]

나랑 오래 오래 잘 지내자.

남자 친구끼리 오래 잘 지내자고 영원한 우정을 약속하고 있어요.

 **俺と一緒に行く？**
오레토 잇·쇼니 이쿠

→ 나랑 같이 갈래?

 **俺と付き合ってください。**
오레토 츠키앗·테 쿠다사이

→ 나랑 사귀어 주세요.

Tip

남자가 친한 친구나 아랫사람 앞에서 사용해요. 격식을 차리는 장소에서는 사용하지 않아요.

079 | 나가다/나오다

동사/행동

데 루
でる [出る]

마음대로 나가다.

부부싸움이 났어요. 아내가 집을 나가려고 하니 남편은 붙잡지 않고 '마음대로!'라고 하네요.

예문

× 前に出て発表します。
마에니 **데테** 합 · 뾰ー시마스
→ 앞에 **나가서** 발표해요.

× 音楽大会に出ます。
옹 · 가쿠 타이카이니 **데마스**
→ 음악 대회에 **나가요**.

Tip

'나가다', '나오다' 둘 다 'でる(出る)'라고 하면 돼요.

---

080 | 나무

명사/식물

키
き [木]

나무가 키만큼 자랐다.

나무와 키를 재고 있어요. 나무가 이제 내 키만큼 컷네요.

예문

× 校庭に大きな木があります。
코ー테ー니 오ー키나 **키**가 아리마스
→ 교정(학교 운동장)에 큰 **나무**가 있어요.

× 木の下で休みます。
키노 시타데 야스미마스
→ **나무** 밑에서 쉬어요.

Tip

나뭇잎은 'はっぱ(葉っぱ)'라고 해요.

081 | 나이

토 시
とし [年]

도시 사람은 나이를 모르겠다.

도시에 가면 다양한 패션의 개성적인 사람들이
많아서 나이를 모르겠더라고요.

예문

✖ 年を取りました。
토시오 토리마시타
→ 나이가 들었어요.

✖ 年を聞きます。
토시오 키키마스
→ 나이를 물어봐요.

Tip

일본에서는 처음 만난 사람에게 나이를 물어보지
않아요. 친한 사이여도 오랫동안 나이를 모르는 경
우도 있어요.

---

082 | 낡다

후 루 이
ふるい [古い]

낡은 집 기와가 후루룩 떨어진다.

100년 넘은 집이라서 많이 낡았어요. 기와가
후루룩 떨어지고 있네요.

예문

✖ この写真は古いです。
코노 샤싱 · 와 후루이데스
→ 이 사진은 오래되었어요(낡았어요).

✖ 古い家に住んでいます。
후루이 이에니 슨 · 데 이마스
→ 낡은 집에 살고 있어요.

Tip

반대말 '새롭다'는 'あたらしい(新しい)'라고 해요.

남동생

명사/가족

오 토 - 토
おとうと [弟]

남동생이 신발도 사고 옷도 또 샀다.

멋쟁이 남동생이. 신발도 사고 옷도 또 샀어요.
외모에 신경 쓰는 남동생을 떠올려 보세요.

예문

❌ 私は 弟 がいます。
와타시와 **오토ー토**가 이마스
→ 저는 **남동생**이 있어요.

❌ 弟 は背が高いです。
오토ー토와 세가 타카이데스
→ **남동생**은 키가 커요.

Tip 

'오토~토'로 발음하면 더 자연스러워요.

남편

명사/가족

옷 · 토
おっと [夫]

남편 오때?

유부녀끼리 모이면 남편 이야기를 하죠. 서로
물어보기 바빠요. '너네 남편은 오때(어때)?'

예문

❌ 夫は自営業です。
옷·토와 지에ー교ー데스
→ **남편**은 자영업자예요.

❌ 夫は夜遅く帰ります。
옷·토와 요루오소쿠 카에리마스
→ **남편**은 밤늦게 돌아와요.

Tip

'때'를 '또'로 바꿔서 발음하면 더 자연스러워요.

085 | 낮

히 루
ひる [昼]

낮에는 힐을 신다.

낮에는 회사에 가기 때문에 힐을 신어요. 주말에는 편한 운동화를 신고요.

예문

× 夏は昼が長くて夜が短いです。
나츠와 **히루**가 나가쿠테 요루가 미지카이데스
→ 여름은 **낮**이 짧고 밤이 길어요.

× 昼は暖かかったです。
히루와 아타타카캇 · 타데스
→ **낮**에는 따뜻했어요.

Tip

'힐'의 받침 'ㄹ'에 모음 'ㅜ'를 더해서 '히루'라고 하면 더 자연스러워요.

---

086 | 낳다

우 무
うむ [産む]

우물가에서 알을 낳다.

오리가 알을 낳았어요. 알을 낳을 때는 물이 필요하니까 우물가에서 낳았나 봐요.

예문

× にわとりが卵を産みます。
니와토리가 타마고오 **우미마스**
→ 닭이 알을 **낳아요**.

× 子どもを3人産みました。
코도모오 산 · 닝 · **우미마시타**
→ 아이를 3명 **낳았어요**.

Tip

'우물'의 'ㄹ'을 빼고 '우무'라고 발음하세요.

동사/행동

다 스
だす [出す]

다수가 서류를 내다.

학교에서 서류를 내는데 다수가 냈어요. 나만 안 낸 것 같아 왠지 불안해요...

예문

✗ 願書を出します。
간 · 쇼오 **다시마스**
→ 원서를 **내요**.

✗ 宿題を出してください。
슈쿠다이오 **다시테** 쿠다사이
→ 숙제를 **내** 주세요.

Tip

다른 동사와 합해져 복합동사로도 많이 사용해요. (예) いいだす(言い出す) 말을 꺼내다 | よびだす(呼び出す) 불러내다, 호출하다 | ひきだす(引き出す) 끌어내다

동사/행동

오 리 루
おりる [降りる]

오리배에서 내리다.

오리배를 타고 데이트가 끝났는지 내리고 있어요. '루루루〜' 콧노래도 부르면서요.

예문

✗ タクシーから降ります。
타쿠시ー카라 **오리마스**
→ 택시에서 **내려요**.

✗ バスから降りて、駅まで歩く。
바스카라 **오리테** 에키마데 아루쿠
→ 버스에서 **내려서** 역까지 걷다.

Tip

'루'를 붙여서 '오리루'라고 하면 완벽해요!

089 | (비, 눈이) 내리다

후 루
ふる [降る]

탕후루가 비처럼 내리다.

하늘에서 탕후루가 비처럼 내리고 있어요. 아이들이 좋아서 팔짝팔짝 뛰고 있네요.

✗ 昨日は雪が降りました。
키노ー와 유키가 후리마시타
→ 어제는 눈이 **내렸어요.**

✗ 雨が降った後に、虹が出ました。
아메가 훗・타 아토니 니지가 데마시타
→ 비가 **내린** 후에 무지개가 나왔어요.

Tip

'あめがくる(雨が来る:비가 오다)'라고 하는 것은 틀린 표현이니 유의해 주세요.

---

090 | 내일

아 시 타
あした [明日]

내일 떠난다니 아쉽다.

한일커플이 장거리 연애 중이에요. 내일 떠난다고 하니 너무 아쉽네요.

✗ 明日は日曜日です。
아시타와 니치요ー비데스
→ **내일은** 일요일이에요.

✗ 明日の予定は何ですか。
아시타노 요테ー와 난・데스카
→ **내일** 예정은 뭐예요?

Tip

모레는 'あさって(明後日)', 글피는 'しあさって(明々後日)'라고 해요

명사/일상생활

니 오 이
におい [匂い]

니 오이 냄새 싫어해?

친구가 오이 냄새를 싫어하냐고 물어보네요. 오이를 싫어하는 사람 있죠? 코 막고 있는 친구는 김밥이나 샌드위치 안에 있는 오이를 안 먹는 파인가봐요!

예문

❌ おいしそうな匂いがします。
오이시소ー나 **니오이**가 시마스
→ 맛있을 것 같은 **냄새**가 나요.

❌ 変な匂いがします。
헨・나 **니오이**가 시마스
→ 이상한 **냄새**가 나요.

🌱 **Tip**
향은 'かおり(香り)'라고 하고 꽃이나 향수 등 특히 좋은 냄새를 말할 때 사용해요.

い형용사/상태

쿠 사 이
くさい [臭い]

그 사이에서 냄새가 나다.

아빠의 발가락과 발가락 그 사이에서 지독한 냄새가 나서 아들이 코를 막고 있어요. 냄새라는 건 어떠한 사이에서 나는 경우가 많죠.

예문

❌ 洗濯物が臭いです。
센・타쿠모노가 **쿠사이데스**
→ 빨래가 **냄새가 나요**.

❌ 服が汗で臭いです。
후쿠가 아세데 **쿠사이데스**
→ 옷이 땀 때문에 **냄새가 나요**.

🌱 **Tip**
한국어는 '냄새가 나다'라고 하고 동사지만, 일본어는 'くさい(臭い)'라는 형용사가 있어요.

인칭대명사

안 · 타
あんた

너를 안다.

할아버지가 할머니를 '너'라고 부르면서 안아
주고 있어요. 오랜 시간 변함없이 사이가 좋은
부부네요~

예문

✖ あんた誰？ 
안 · 타 다레
→ 너 누구야?

✖ あんたのせいよ！
안 · 타노 세ー요
→ 너 때문이야!

Tip

한국은 친구나 아랫사람에게 '너'라고 많이 사용
하지만 일본어의 'あんた'는 친한 아랫사람이나 자
녀 또는 부부사이에서 사용해요. 혹은 싸울 때 사
용하는 말이라 함부로 쓰면 안 돼요.

인칭대명사

키 미
きみ [君]

너 기미 생겼다.

친구에게 기미가 생겼다고 알려주네요. 친한
사이이니까 가능하겠죠? 일본사람이 'きみ'라고
해도 기미가 있다는 것이 아니니 안심하세요.

예문

✖ 君はいくつ？
키미와 이쿠츠
→ 너 몇 살이니?

✖ 君の名前は？
키미노 나마에와
→ 너의 이름은 (뭐니)?

Tip

'きみ(君)', 'あんた', 'おまえ(お前)'는 상대방을 낮춰
서 부르는 말이라 주의가 필요해요. 일본에서는 아
랫사람에게도 상황에 따라 이름 혹은 닉네임으로
부르는 경우가 많아요.

095 | 넓다

히 로 이
ひろい [広い]

히로시마는 넓다.

히로시마는 생각보다 넓어요. 47개 지역 중 11위예요. 히로시마(広島)의 '히로'는 넓다는 뜻이고, '시마'는 섬이라는 뜻이에요.

예문

 空も海も広いです。
소라모 우미모 **히로이**데스
→ 하늘도 바다도 **넓어요**.

 広い野原で遊びました。
히로이 노하라데 아소비마시타
→ **넓은** 들판에서 놀았어요.

Tip

히로시마의 '히로'에 '이'를 붙여서 '히로이'라고 발음하세요.

---

096 | 넘기다

메 쿠 루
めくる

매끄럽게 넘기다.

책을 읽는데 매끄럽게 페이지를 넘겨요. 이 책도 재미있는 내용이니 매끄럽게 넘겨주세요.

예문

 本のページをめくります。
혼·노 페ー지오 **메쿠리마스**
→ 책 페이지를 **넘겨요**.

 次のページをめくってください。
츠키노 페ー지오 **메쿳·테** 쿠다사이
→ 다음 페이지를 **넘겨주세요**.

Tip

'めくる'는 덮여져 있는 것을 뗀다는 뜻이 있어, '이불을 벗기다'라고 할 때는 'ふとんをめくる'라고 사용해요.

097 | 노래

명사/취미

우 타
うた [歌]

노래 부르면서 **웃다**.

노래는 웃으면서 부르면 더 행복하고 즐겁죠.

예문

✖ みんなで歌を歌います。
민 · 나데 **우타**오 우타이마스
→ 다 같이 **노래**를 불러요.

✖ どんな歌が好きですか。
돈 · 나 **우타**가 스키데스카
→ 어떤 **노래**를 좋아해요?

Tip

노래방은 'カラオケ'라고 해요. 'カラ'는 '빈, 비어 있다', 'オケ'는 '오케스트라'라는 뜻이에요.

---

098 | 놓다/두다

동사/행동

오 쿠
おく [置く]

옥을 **놓다**.

옥을 소중하게 테이블에 모셔 놓고 있어요.

예문

✖ 机の上にかばんを置きます。
츠쿠에노 우에니 카방오 **오키마스**
→ 책상 위에 가방을 **놓아요**.

✖ ここに荷物を置いてください。
코코니 니모츠오 **오이테** 쿠다사이
→ 여기에 짐을 **놓아**주세요.

Tip

'놓아두다'는 'おいておく(置いておく)'라고 해요.

099 | (나의) 누나/언니

아 네
あね [姉]

아내 아니고 누나예요.

동생이 누나를 소개하는데 다들 아내인 줄 알 았나 봐요. 정말 사이좋은 남매인가 보네요.

예문

 姉はきれいで優しいです。
아네와 키레―데 야사시―데스
→ **누나/언니**는 예쁘고 착해요.

姉とカラオケに行きました。
아네토 카라오케니 이키마시타
→ **누나/언니**와 노래방에 갔어요.

Tip

'あね'는 남에게 우리 누나/언니를 소개할 때 사 용하는 말이에요. 직접 부를 때는 'おねえちゃん(お 姉ちゃん)', 'おねえさん(お姉さん)'이라고 불러요.

---

100 | 눈물

나 미 다
なみだ [涙]

눈물이 납니다.

왜 눈물이 나는지… 눈물이 납니다.

예문

 涙が止まりません。
나미다가 토마리마셍 ·
→ **눈물**이 멈추지 않아요.

映画を見て涙が出ました。
에―가오 미테 **나미다**가 데마시타
→ 영화를 보고 **눈물**이 났어요.

Tip

'나미다'라고 발음하면 더 자연스러워요. '눈물이 나다'는 '나미다가데루(涙が出る)'라고 해요.

101 | 늙다

오 이 루
おいる [老いる]

늙어서 오이팩

할머니가 오이팩을 하고 있어요. 나이가 나이인지 늙은 피부에 수분 보충을 위해서는 오이팩이 최고예요!

❌ 人間はみんな老いる。 
닝·겡·와 민·나 **오이루**

→ 인간은 모두 늙는다.

❌ 体は老いても心は若いです。 
카라다와 **오이테모** 코코로와 와카이데스

→ 몸은 늙어도 마음은 젊어요.

Tip

팩을 할 때 오일도 같이 쓰기도 하죠? 오일이라는 말부터 연상시켜서 'おいる(老いる)'라고 외워도 돼요.

---

102 | 늦다

오 소 이
おそい [遅い]

늦은 사람 어서 이리 오세요.

패키지 여행을 왔는데 집합 시간에 늦었어요. 가이드가 '어서 이리 오세요'하고 부르고 있어요.

❌ もう遅いです。 
모— **오소이데스**

→ 이미 늦었어요.

❌ 遅い時間にすみません。 
오소이 지칸·니 스미마셍·

→ 늦은 시간에 죄송해요.

Tip

반대말 '빠르다'는 'はやい(무이[시간]／速い[속도])'라고 해요.

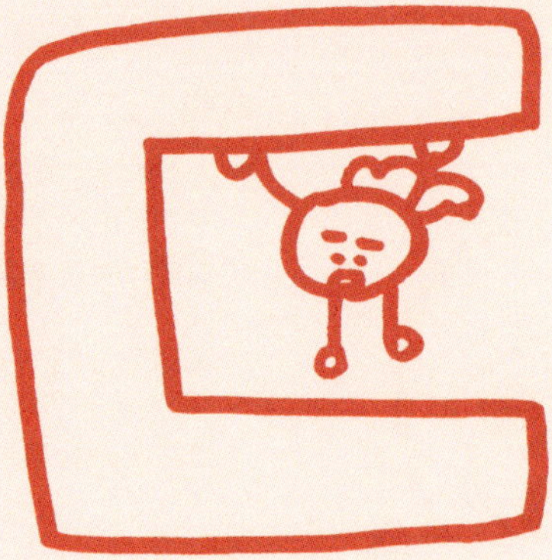

103 | 다리

명사/장소

하 시
はし [橋]

다리에서 뭐 하시지?

다리를 두드리면서 건너고 있네요. 일본에도 'いしばしをたたいてわたる(石橋を叩いて渡る: 돌다리도 두드려 보고 건넌다)'라는 속담이 있는데 그 모습을 그린 그림이에요.

예문

よる　　はし
✖ 夜の橋はとてもきれいです。
　　요루노 **하시**와 토테모 키레ー데스
→ 밤의 **다리**는 정말 예뻐요.

ふる　　はし　　なお
✖ 古い橋を直しているところだ。
　　후루이 **하시**오 나오시테 이루 토코로다
→ 오래된 **다리**를 고치고 있는 중이다.

 **Tip**

젓가락도 'はし'라고 하지만 한자는 '箸'를 써요.

104 | 다방

명사/장소

킷 · 사 텡 ·
きっさてん [喫茶店]

다방에서 기싸움

여자끼리 다방에서 기싸움 하네요.

예문

きっさてん
✗ 喫茶店でコーヒーを飲みます。
킷 · 사텐 · 데 코ー히ー오 노미마스

→ **다방**에서 커피를 마셔요.

すてき きっさてん み
✗ 素敵な喫茶店を見つけました。
스테키나 킷 · 사텡 · 오 미츠케마시타

→ 멋진 **다방**을 찾았어요.

Tip

요즘에는 '카페'라고 많이 하죠. 한국인이 발음
하기 조금 어려운데 '카훼'라고 하면 돼요.

---

105 | 다음 달

명사/시간

라 이 게 츠
らいげつ [来月]

다음 달에도 이 회사에 나 있겠지?

달력을 보며 다음 달에도 이 회사에 남아있을
지 걱정하고 있네요. 일이 힘든가 봐요.

예문

らいげつ とうきょう い
✗ 来月、東京に行きます。
라이게츠 토ー쿄ー니 이키마스

→ **다음 달**, 도쿄에 가요.

らいげつ じ かん
✗ 来月は時間があります。
라이게츠와 지캉 · 가 아리마스

→ **다음 달**은 시간이 있어요.

Tip

다음은 'つぎ(次)'라고 해요.

탕 · 고
たんご [単語]

단어 시험 만점 받으면 단거 줄게.

단어를 외우는 건 힘들죠? 그런데 상이 있으면 얼마나 좋을까요?

예문

❌ 明日は単語のテストがあります。
아시타와 **탕·고**노 테스토가 아리마스
→ 내일은 **단어** 시험이 있어요.

❌ 単語を覚えるのが大変です。
탕·고오 오보에루노가 타이헨·데스
→ **단어**를 외우는 게 힘들어요.

Tip
단어장은 'たんごちょう(単語帳)'라고 해요.

카 보 챠
カボチャ

단호박 밭에 가보자.

밭에 단호박이 많이 열렸어요. 애들에게 보여주고 싶어서 아빠가 가보자고 하네요. 얼른 단호박 밭에 가보자~!

예문

❌ カボチャでケーキを作ります。
카보챠데 케―키오 츠쿠리마스
→ **단호박**으로 케이크를 만들어요.

❌ おかずはカボチャの煮物です。
오카즈와 **카보챠**노 니모노데스
→ 반찬은 **단호박** 조림이에요.

Tip
'가보자'의 '자'를 '차'로 하면 더 자연스러워요. 참고로 애호박은 일본에 없고, 굳이 말한다면 'かんこくズッキーニ(韓国ズッキーニ:한국 주키니)'라고 해요.

108 | 닫히다

시 마 루
しまる [閉まる]

쉬 마려운데 화장실 문이 닫혀 있다.

화장실이 급한데 문이 닫혀 있네요. 하필 쉬 마려울 때...

예문

✖ 自動ドアが閉まります。
지도―도아가 **시마리마스**
→ 자동문이 닫혀요.

✖ 窓が風で閉まりました。
마도가 카제데 **시마리마시타**
→ 창문이 바람으로 닫혔어요.

Tip

발음은 '시마루'라고 해요.

---

109 | 달다

아 마 이
あまい [甘い]

아마 달다.

일본 음식점에 가서 반찬을 먹어보는데 '아마 달겠지?'하고 있네요. 단 음식은 광택이 있어서 먹기 전에 '아마...'하고 짐작할 수 있죠?

예문

✖ 砂糖は甘いです。
사토―와 **아마이데스**
→ 설탕은 **달아요**.

✖ 甘いものが食べたいです。
아마이 모노가 타베타이데스
→ 단것을 먹고 싶어요.

Tip

한국에서 디저트를 먹으면 하는 최고의 칭찬은 '안 달고 맛있다'예요. 하지만 일본에서는 '아마쿠테 오이시이(甘くて美味しい:달고 맛있다)'라고 칭찬해요.

110 | 닮다

니 루
にる [似る]

닐 닮다.

애기가 태어났는데 니를(너를) 닮았네.

✘ 私は父に似ています。
와타시와 치치니 **니테 이마스**
→ 저는 아버지를 **닮았어요**.

✘ 妹と性格が似ています。
이모ー토토 세ー카쿠가 **니테 이마스**
→ 여동생과 성격이 **닮았어요**.

Tip
아빠를 닮은 것을 'おとうさんに(お父さん似)', 엄마를 닮은 것을 'おかあさんに(お母さん似)'라고 해요.

---

111 | 담배

타 바 코
たばこ

담배 못 피우게 금연구역으로 다 바꿔.

옛날에는 어디서든 담배를 피울 수 있는 시대였지만 요즘은 안 되죠? 금연구역으로 다 바꿨으니까요.

✘ 免税店でたばこを買います。
멘·제ー텐·데 **타바코오** 카이마스
→ 면세점에서 **담배**를 사요.

✘ たばこを吸ってはいけません。
타바코오 슷·테와 이케마셍·
→ **담배**를 피우면 안 돼요.

Tip
'담배를 피우다'는 'たばこをすう(タバコを吸う)'라고 해요.

112 | 당기다

히 쿠
ひく [引く]

문을 히끗 당겨 주세요

문을 당길 때는 살짝 히끗 당겨야 문이 고장
나지 않아요.

예문

✗ ドアを引きます。
　도아오 **히키마스**
→ 문을 **당겨요**.

✗ レバーを引いてください。
　레바ー오 **히ー테** 쿠타사이
→ 레버를 **당겨주세요**.

Tip

반대말인 '밀다'는 'おす(押す)'라고 해요.

---

113 | 당신

아 나 타
あなた

당신은 안 왔다.

좋아하는 당신을 기다렸는데 안 왔어요. 오늘
고백하려고 했는데 말이에요. 너무 슬프네요.

예문

✗ あなたは誰ですか。
　아나타와 다레데스카
→ **당신**은 누구예요?

✗ あなた、手伝ってくれる？
　아나타 테츠닷 · 테 쿠레루
→ **당신**, 도와줄래?

Tip

한국어로 '당신'이 주로 배우자한테 많이 쓰이는
것처럼 일본어도 마찬가지예요. 영어의 'you'처
럼 'あなた'를 아무한테나 쓰면 실례가 될 수 있어
요.

부사

다 이 타 이
だいたい [大体]

대강 다 있다.

일본의 만화카페에 갔어요. 읽고 싶은 만화책은 대강 다 있어요.

예문

だいたいないよう
× 大体内容はわかりました。
다이타이 나이요— 와 와카리마시타
→ 대강 내용은 알았어요.

えき　　　だいたいなんぷん
× 駅まで大体何分かかりますか。
에키마데 다이타이 남 · 풍 · 카카리마스카
→ 역까지 대강 몇 분 걸려요?

Tip
자세하지 않고 기본적인 정도만 확인했을 때 사용해요.

い형용사/상태

스 고 이
すごい [凄い]

일본어 쓰고 있어?! 대단해~

한글이든 히라가나든 글자를 쓸 수 있다는 건 대단한 거예요. 엄마가 '일본어 쓰고 있어?'라며 대단하다고 칭찬해 주네요.

예문

とう　　　なん
× お父さんは何でもできてすごい。
오토— 상 · 와 난 · 데모 데키테 스고이
→ 아버지는 뭐든지 할 수 있어서 대단하다.

こ ども　　　　　さいのう　　も
× 子供はすごい才能を持っている。
코도모와 스고이 사이노—오 못 · 테 이루
→ 아이는 대단한 재능을 갖고 있다.

Tip
'すごい'는 대단하다는 의미 외에도 무섭다는 의미도 갖고 있어요.

116 | 대학생

명사/직업

다 이 각 · 세 –
だいがくせい [大学生]

대학생이 되면 다 이 가꾸세~

대학 입학 전엔 시간이 많아서 지금까지 못했던 치아 교정도 하죠? 대학생이 되면 다 이 가꾸세~!

예문

※ 今年の春から大学生です。
코토시노 하루카라 **다이각 · 세—**데스
→ 올해 봄부터 **대학생**이에요.

※ 大学生になって一人暮らしをする。
다이각 · 세—니 낫 · 테 히토리구라시오 스루
→ **대학생**이 되어 독립을 한다.

Tip

일본은 대학교를 'だいがく(大学)'라고 해요. 한국어 그대로 'だいがっこう(大学校)'라고는 하지 않아요. 발음할 때 'く' 소리를 약하게 내면 더 자연스러워요!

---

117 | 도와줘

동사/행동

타 스 케 테
たすけて [助けて]

스티커 다섯 개 떼는 거 도와줘.

스티커가 안 떼질 때는 정말 짜증나고 도와줬으면 좋겠어요. 제발 다섯 개만 떼 줘~

예문

※ 私を助けて！
와타시오 **타스케테**
→ 나를 **도와줘**!

※ 子供を助けてください。
코도모오 **타스케테** 쿠다사이
→ 아이를 **도와주세요**.

Tip

일본 여행 시 긴급 상황에서 'たすけて(助けて)！'라고 크게 외치면 주변에서 도움을 줄 거예요. 필수로 외워두세요!

118 | 돈

오 카 네
おかね [お金]

5(오)번째 칸에 돈이 들어 있다.

부모님이 돈을 어디에 숨겼는지 아는 모양이에
요. 5(오)번째 칸에 들어 있나 봐요.

예문

かね　　かせ
お金を稼ぎます。
오카네오 카세기마스
→ **돈**을 벌어요.

つうちょう　　　かね
通帳にお金がありません。
츠ー쵸ー니 **오카네**가 아리마셍 ·
→ 통장에 **돈**이 없어요.

Tip

'かね(金)'라고만 해도 돈이라는 뜻이지만 'お'를
붙여 'おかね(お金)'라고 하면 더 정중한 말이 돼요.

---

119 | 동그라미

마 루
まる [丸]

마루에서 동그라미를 치다.

여름방학에 마루에서 숙제를 채점하면서 동그
라미를 치고 있어요.

예문

まる　　さんかく　　しかく　　か
丸、三角、四角を描きます。
마루 상 · 카쿠 시카쿠오 카키마스
→ **동그라미**, 세모, 네모를 그려요.

ぜん ぶ まる
全部丸です。
젬 · 부 **마루**데스
→ 전부 **동그라미**예요.

Tip

일본은 여름방학에 숙제가 많아요. 그중 수학 문제
풀이 같은 경우에는 스스로 채점을 하는 경우가
있어요.

명사/일상생활

마 치
まち [町]

이 동네 맞지?

아빠가 오랜만에 고향 동네에 돌아왔는데 모습이 많이 바뀌었어요. '우리 동네 맞지?'라고 생각하고 있네요.

예문

 隣の町に引っ越します。
토나리노 **마치**니 힉 · 코시마스
→ 옆 **동네**에 이사가요.

 ここは私が生まれた町です。
코코와 와타시가 우마레타 **마치**데스
→ 여기는 제가 태어난 **동네**예요.

Tip

'まち(町)'보다 더 작은 마을은 'むら(村)'라고 해요.

명사/동물

부 타
ぶた [豚]

돼지가 붓다.

돼지가 밤에 라면을 먹고 다음 날에 얼굴이 붓지 않을까 걱정하고 있어요. 근데 이미 부은 거 같은데요?

예문

 絵本に豚が出てきます。
에혼 · 니 **부타**가 데테 키마스
→ 그림책에 **돼지**가 나와요.

 豚の貯金箱をもらいました。
부타노 쵸킴 · 바코오 모라이마시타
→ **돼지** 저금통을 받았어요.

Tip

흑돼지는 'くろぶた(黒豚)'라고 해요. 한국에서는 제주도가 유명하죠? 일본에서는 가고시마 현이 유명해요!

122 | 드라이

브로 ―
ブロー

드라이기로 바람 불어.

외출하기 전에 머리를 드라이하고 있어요. 드라이하면 바람이 부니까 드라이는 '불어'예요.

예문

✕ 朝、ブローします。
아사 부로―시마스
→ 아침에 드라이해요.

✕ ブローして出かけます。
부로―시테 데카케마스
→ 드라이하고 외출해요.

Tip
'불어~'라고 길게 발음하면 더 자연스러워요.

---

123 | 듣다

키 쿠
きく [聞く/聴く]

귓구멍으로 듣다.

음악이나 소리를 들을 때는 귓구멍으로 듣죠?

예문

✕ 先生の話を聞きます。
센 · 세―노 하나시오 키키마스
→ 선생님의 이야기를 들어요.

✕ 日本の音楽を聴くのが好きです。
니혼 · 노 옹 · 가쿠오 키쿠노가 스키데스
→ 일본 음악을 듣는 것을 좋아해요.

Tip
귀는 'みみ(耳)', 귓구멍은 'みみのあな(耳の穴)'라고 해요.

124 | 들어가다/들어오다

하 이 루
はいる [入る]

하이~ 들어가세요.

영어 학원 교실에 들어갈 때는 'Hi~'하고 인사를 해요. 선생님도 학생이 인사를 해주니까 '루루루~' 기분이 좋네요.

예문

✖ 部屋に入ります。
헤야니 **하이리마스**

→ 방에 **들어가요**.

✖ 教室に入ってください。
쿄ー시츠니 **하잇·테 쿠다사이**

→ 교실에 **들어가세요**.

Tip
'들어가다'와 '들어오다' 모두 '하이루(入る)'라고 해요.

---

125 | 들이마시다

스 우
すう [吸う]

숨을 스윽 들이마시다.

스윽 하고 크게 숨을 들이마셔요! 스윽~!

예문

✖ 山でおいしい空気を吸います。
야마데 오이시ー 쿠ー키오 **스이마스**

→ 산에서 맛있는 공기를 **들이마셔요**.

✖ 外に出て空気を吸いました。
소토니 데테 쿠ー키오 **스이마시타**

→ 밖에 나가서 공기를 **들이마셨어요**.

Tip
숨은 '이키(息)'라고 해요. '숨을 들이마시다'는 '이키오스우(息を吸う)'라고 해요.

などなど [等々]
나 도 나 도

유용한 말

나도 나도, 등등

과일 소개를 하고 있어요. 수박, 메론, 포도 등 등! 그 옆에 있는 사과와 귤이 '나도 나도'라 고 하네요.

예문

✗ 魚にはサンマ、サバ、サケなど などあります。

さかな
사카나니와 삼·마 사바 사케**나도나도** 아리마스
→ 생선에는 꽁치, 고등어, 연어 **등등** 있어요.

✗ 寿司やラーメンなどなどを食べた。
すし   た
스시야 라ー멘·**나도나도**오 타베타
→ 초밥이나 라멘 **등등**을 먹었다.

Tip

한국어와 동일하게 'など(등)' 하나만 사용할 수 있 어요.

とうろく [登録]
토 ー 로 쿠

명사/일상생활

또 우럭을 등록

우럭이 슈퍼에 들어왔어요. 바코드를 붙이기 위해 상품 등록 중이에요. 오늘따라 많네요. 또 우럭 등록!

예문

✗ 会員登録してください。
かいいんとうろく

카이인·**토ー로쿠**시테 쿠다사이
→ 회원**등록**(회원가입) 해주세요.

✗ ネットで登録しました。
とうろく

넷·토데 **토ー로쿠**시마시타
→ 인터넷으로 **등록**했어요.

Tip

'등록'이라는 단어는 한자가 어려워 보이지만 인 터넷 등록, 전화번호 등록 등 평소에 자주 사용되 는 단어예요.

128 | 따뜻하다

い형용사/상태

아 타 타 카 이
あたたかい [暖かい]

아 **따뜻한** 가이

뒤에서 남자 친구가 안아주고 있어요. 아~ 따뜻한 가이!

예문

- 室内は暖かいです。
  시츠나이와 **아타타카이데스**
  → 실내는 **따뜻해요**.

- 暖かい飲み物をください。
  아타타카이 노미모노오 쿠다사이
  → **따뜻한** 음료를 주세요.

Tip

일상대화에서는 'あったかい'라고도 해요.

---

129 | 뚜껑

명사/물건

후 타
ふた [蓋]

뚜껑을 **후딱** 열어!

냄비가 끓어서 넘치려고 하고 있어요. 이럴 땐 얼른 가서 뚜껑을 후딱 열어요.

예문

- 瓶の蓋を開けます。
  빈 · 노 **후타**오 아케마스
  → 병 **뚜껑**을 열어요.

- 万年筆の蓋を忘れました。
  만 · 넹 · 히츠노 **후타**오 와스레마시타
  → 만년필 **뚜껑**을 잃어버렸어요.

Tip

'뚜껑을 열다'는 'ふたをあける(蓋を開ける)', '뚜껑을 닫다'는 'ふたをしめる(蓋を閉める)'라고 해요.

130 | 띠

명사/물건

오 비
おび [帯]

검은 **띠**는 다 **OB**다.

태권도장에 검은 띠를 맨 아저씨들이 왔어요. 모두 도장의 OB예요.

예문

 黒帯になりました。
쿠로**오비**니 나리마시타
→ 검은 **띠**가 되었어요.

 帯を締めます。
오비오 시메마스
→ **띠**를 매요.

Tip

검은 띠는 'くろおび(黒帯)', 흰 띠는 'しろおび(白帯)'라고 해요.

---

131 | 뜻/의미

명사/일상생활

이 미
いみ [意味]

이미 뜻을 알고 있어.

어려운 단어 퀴즈를 하고 있어요. 반에서 제일 똑똑한 친구가 우쭐대면서 손을 들었네요. 그 단어 '난 이미 뜻을 알고 있어'

예문

 どういう意味か、分かりますか。
도―유― **이미**카 와카리마스카
→ 어떤 **뜻**인지 알겠나요?

✗ この話は色んな意味があります。
코노 하나시와 이론・나 **이미**가 아리마스
→ 이 이야기는 여러 가지 **의미**가 있어요.

Tip

'いみがわからない(意味が分からない)'는 직역하면 '의미를 모르겠다'예요. 하지만 대화 중에 쓰면 상대 말을 부정하거나 따지는 느낌이 들어서 사용하지 않는 것이 좋아요.

132 | 루돌프

명사/동물

토 나 카 이
トナカイ

루돌프야 이제 떠날까?

산타 할아버지가 선물을 다 나눠줬는지 루돌프
에게 '이제 떠날까?'라고 물어봐요.

예문

✗ トナカイが空を飛びます。
토나카이가 소라오 토비마스
→ 루돌프가 하늘을 날아요.

✗ トナカイとサンタが来ました。
토나카이토 산·타가 키마시타
→ 루돌프와 산타가 왔어요.

Tip

산타와 함께 다니는 순록을 한국에서는 루돌프라
고 하죠? 사실 '루돌프'는 미국의 순록 동화 캐릭
터의 이름이에요. 일본에서는 루돌프라고 말해도
의미가 통하지 않아요.

133 | 마시다

동사/행동

노 무
のむ [飲む]

술을 너무 많이 마시다.

친구가 술을 너무 많이 마셔요. 과음이네요.

예문

✖ おいしい日本茶を飲みます。
に ほんちゃ   の
오이시ー 니혼·챠오 **노미마스**

→ 맛있는 일본 차를 **마셔요**.

✖ 水を飲んで休みました。
みず の   やす
미즈오 논·데 야스미마시타

→ 물을 **마시고** 쉬었어요.

Tip

'마시다'와 비슷한 행동으로 '삼키다'가 있어요.
'삼키다'는 'のみこむ(飲み込む)'라고 해요.

134 | 마지막

사 이 고
さいご [最後]

**그녀와 나는 사귀는 사이고,
마지막 여자다.**

이 여자가 남자의 '마지막 여자'라고 하는 걸 보니 둘은 결혼을 약속했나 봐요!

✘ 今年最後の発表会です。
코토시 **사이고**노 합·뾰ー카이데스
→ 올해 **마지막** 발표회예요.

✘ 最後に味噌を入れます。
사이고니 미소오 이레마스
→ **마지막**으로 된장을 넣어요.

Tip

'마지막으로'는 '사이고니(最後に)'라고 해요.

---

135 | 만나다

아 우
あう [会う]

오랜만에 아우와 만나다.

형이 오랜만에 아우를 만났어요. 어렸을 때는 매일 보다가 커서는 자주 만나지 못하지만, 형제 사이는 오랜만에 만나도 반갑고 좋지요.

✘ 10時に友だちに会います。
쥬ー지니 토모다치니 **아이마스**
→ 10시에 친구를 **만나요.**

✘ 日曜日に会う約束をしました。
니치요ー비니 **아우** 약·소쿠오 시마시타
→ 일요일에 **만나는** 약속을 했어요.

Tip

첫 만남에 자주하는 인사말인 '만나서 반갑습니다'는 '오아이데키테우레시이데스(お会いできてうれしいです)'라고 해요.

동사/행동

츠 쿠 루
つくる [作る]

축구로 평화를 만들다.

한일 축구 친선 경기예요. 축구로 평화를 만들 수 있네요.

예문

にほんりょうり つく
日本料理を作ります。
니혼 · 료ー리오 츠쿠리마스
→ 일본 요리를 만들어요.

き いえ つく
木で家を作ります。
키데 이에오 츠쿠리마스
→ 나무로 집을 만들어요.

Tip

축구는 'サッカー'라고 해요.

동사/행동

사 와 루
さわる [触る]

만지고 사와~

엄마가 수박을 만지고 사오라고 하네요. 맛있는 수박을 고르려면 만져봐야 알 수 있어요.

예문

いた さわ
痛いところを触ります。
이타이 토코로오 사와리마스
→ 아픈 곳을 만져요.

さわ
これは触ってはいけません。
코레와 사왓 · 테와 이케마셍 ·
→ 이것은 만지면 안 돼요.

Tip

'만지지 마세요'는 'さわらないでください(触らない でください)'라고 해요.

138 | 많다

오 - 이
おおい [多い]

많은 오이

시골에서 오이를 많이 받았어요. 오이는 김치나 장아찌를 만들면 되니까 많이 받아도 괜찮아요.

✗ ご飯の量が多いです。
고한 · 노 료ー가 **오ー이데스**
→ 밥 양이 많아요.

✗ 日曜日の市内は人が多いです。
니치요ー비노 시나이와 히토가 **오ー이데스**
→ 일요일의 시내는 사람이 많아요.

 **Tip**

'오~이'라고 길게 발음하면 더 자연스러워요.

---

139 | 많이

타 쿠 상 ·
たくさん

많이 있는 탁상 굿즈

탁상 위에 굿즈가 많이 있어요. 거울, 달력, 선풍기 등 요즘엔 탁상 굿즈가 많이 나와요.

✗ みかんをたくさん買いました。
미캉 · 오 **타쿠상** · 카이마시타
→ 귤을 많이 샀어요.

✗ 息子は服がたくさんあります。
무스코와 후쿠가 **타쿠상** · 아리마스
→ 아들은 옷이 많이 있어요.

 **Tip**

'탁'의 'ㄱ' 받침을 'ㅋ'로 바꾸어 발음하면 더 자연스러워요.

140 | 말하다

이 우
いう [言う]

이웃집에 말하다.

이웃집이 시끄러워서 조용히 해달라고 말하고 있어요. 이런 일로 이웃과 사이가 안 좋아지지 않도록 조심스럽게 말하고 있는 모습이에요.

예문

 日本語で言います。
니홍 · 고데 **이ー마스**
→ 일본어로 **말해요**.

ゆっくり言ってください。
육 · 쿠리 잇 · 테 쿠다사이
→ 천천히 **말해주세요**.

Tip

일상생활에서는 '이우'를 빨리 말해서 '유~'라고 해요.

---

141 | 맡다

카 구
かぐ [嗅ぐ]

가구 냄새를 맡다.

가구 냄새를 맡고 있어요. 새 가구에서는 원목 냄새나 니스 냄새가 나죠?

예문

 食べ物の匂いを嗅ぎます。
타베모노노 니오이오 **카기마스**
→ 음식 냄새를 **맡아요**.

犬が鼻で匂いを嗅ぎました。
이누가 하나데 니오이오 **카기마시타**
→ 개가 코로 냄새를 **맡았어요**.

Tip

가구는 일본어로 'かぐ(家具)'고, 한국어와 같은 발음이에요. '냄새를 맡다'는 'においをかぐ(匂いを嗅ぐ)'라고 해요.

まいにち [毎日]

마 이 니 치

명사/시간

그 친구는 **매일** 많이 늦지?

주변에 매일 지각하는 사람이 꼭 있죠. 여자가 '지금 몇 시냐고! 왜 매일 많이 늦지?'라며 혼내고 있어요.

예문

✘ 毎日仕事で忙しいです。
마이니치 시고토데 이소가시―데스
→ **매일** 일 때문에 바빠요.

✘ 毎日学校に行きます。
마이니치 각・코―니 이키마스
→ **매일** 학교에 가요.

Tip

매주는 'まいしゅう(毎週)', 매월은 'まいつき(毎月)' 라고 해요.

うりば [売り場]

우 리 바

동사/장소

우리 **매장**에서 바겐세일 해요.

매장 직원이 '우리 바겐세일 해요'라고 말하고 있어요. 시식 코너 매장은 1+1 등 바겐세일을 많이 하고 있지요.

예문

✘ 野菜売り場を探しています。
야사이 **우리바**오 사가시테 이마스
→ 채소 **매장**을 찾고 있어요.

✘ 魚売り場はどこですか。
사카나 **우리바**와 도코데스카
→ 생선 **매장**은 어디예요?

Tip

'팔다'의 'うる(売る)'와 '장소'를 뜻하는 'ば(場)'가 합쳐진 말이에요.

명사/시간

まいしゅう [毎週]
마 이 슈 -

매주 보는 마이 슈퍼맨

매주 보는 드라마에 멋지고 잘생긴 '마이 슈퍼맨'이 나와요! 역시 매주 챙겨볼 수밖에 없네요~

예문

毎週日曜日にドラマを見ます。
마이슈- 니치요-비니 도라마오 미마스
→ 매주 일요일에 드라마를 봐요.

毎週月曜日は休みます。
마이슈- 게츠요-비와 야스미마스
→ 매주 월요일은 쉬어요.

Tip

'まい'는 매양 매(毎)의 일본어 음이에요.

い형용사/맛

からい [辛い]
카 라 이

매우면 카라멜 먹어.

매운 음식을 먹었을 때는 카라멜(캐러멜)을 먹어요! 달달한 맛이 매운 맛을 바로 가라앉히게 해주죠.

예문

このトッポギは辛いです。
코노 톱·뽀기와 카라이데스
→ 이 떡볶이는 매워요.

辛い食べ物は苦手です。
카라이 타베모노와 니가테데스
→ 매운 음식은 잘 못 먹어요.

Tip

'카라'에 '이'를 붙여서 '카라이'로 발음해요. 캐러멜은 일본어로 'キャラメル'라고 해요.

146 | 먹다

타 베 루
たべる [食べる]

탑에서 먹다.

높은 탑에서 밥을 먹으니 경치도 좋고 분위기도
좋네요. 도쿄에서 가장 높은 탑인 스카이트리
에서 밥을 먹고 있는 그림이에요.

예문

✖ お昼は給食を食べます。 
오히루와 큐ー쇼쿠오 **타베마스**
→ 점심은 급식을 먹어요.

✖ 食べるのが趣味です。 
타베루노가 슈미데스
→ 먹는 것이 취미예요.

Tip

여자 친구가 기분이 좋아서 '루루루' 흥얼거리고
있죠? '탑에'에 '루'를 붙여 '타베루'로 발음해 보
세요.

---

147 | 먹었다

타 베 타
たべた [食べた]

먹었다가 다 배탈

급식을 먹었다가 아이들이 배탈이 났어요. 뭘
먹었길래?! 식중독일까봐 학교 선생님이 걱정
하고 있어요.

예문

✖ 猫が魚を食べた。 
네코가 사카나오 **타베타**
→ 고양이가 생선을 먹었다.

✖ 誰がケーキを食べましたか。 
다레가 케ー키오 **타베마시타카**
→ 누가 케이크를 먹었나요?

Tip

'たべる(食べる:먹다)'의 과거형은 'たべた(食べた:먹
었다)'예요. ✳기본형의 어미 'る'를 빼고 'た'를 붙
이면 돼요.
✳ 2그룹 동사의 た형(과거형) 만드는 법

とおい [遠い]
토 - 이

い형용사/상태

토익학원이 멀다.

토익학원이 '멀다~' 하면서도 다니고 있어요. 토익학원은 멀어도 다녀야죠. 영어는 필수니까요!

예문

✗ ホテルから空港まで遠いですか。
호테루카라 쿠ー코ー마데 **토ー이데스카**
→ 호텔에서 공항까지 **멀어요**?

✗ 遠いところに行きたいです。
토ー이 토코로니 이키타이데스
→ **먼** 곳에 가고 싶어요.

Tip

'토'를 길게 발음하면 더 자연스러워요. 토익학원이 머니까 '토~익'이라고 불러 보세요.

とめる [止める]
토 메 루

동사/행동

도매를 멈췄다.

과일가게 아저씨가 도매를 멈췄어요.

예문

✗ 彼女は足を止めた。
카노죠와 아시오 **토메타**
→ 그녀는 발(걸음)을 **멈췄다**.

✗ 車を止める場所がないです。
쿠루마오 **토메루** 바쇼가 나이데스
→ 차를 **세울** 곳이 없어요.

Tip

'止める'는 'やめる'로도 발음할 수 있어요. '그만두다'라는 의미예요.

150 | 멋있네

칵 · 코이 ー 네
かっこいいね

비싼 자동차 **갖고 있네**, **멋있네~**

멋있는 기준은 사람마다 다르겠지만 비싼 물건을 갖고 있으면 멋있다고 느끼기 쉽죠?

❌ その<ruby>靴<rt>くつ</rt></ruby>かっこいいね！
소노 쿠츠 **칵 · 코이ー네**
→ 그 신발 **멋있네!**

❌ <ruby>髪型<rt>かみがた</rt></ruby>がかっこいいね！
카미가타가 **칵 · 코이ー네**
→ 머리스타일이 **멋있네!**

Tip

기본형은 'かっこいい'예요. 'ね'는 한국어의 어미 '〜(하)네'와 비슷해요.

---

151 | 멋지다

스 테 키 다
すてきだ [素敵だ]

멋진 가게의 **스테이크다.**

남자 친구가 근사하고 멋진 가게에 데려가 줬어요. 인테리어부터 소품까지 멋지네요. 덕분에 스테이크까지 맛있어 보여요.

❌ <ruby>笑顔<rt>えがお</rt></ruby>が<ruby>素敵<rt>すてき</rt></ruby>です。
에가오가 **스테키데스**
→ 미소가 **멋져요.**

❌ <ruby>素敵<rt>すてき</rt></ruby>な<ruby>着物<rt>きもの</rt></ruby>ですね。
스테키나 키모노데스네
→ **멋진** 기모노네요.

Tip

'すてきだ(素敵だ)'는 윗사람한테 쓸 수 있고 남녀 성별 구별 없이 편하게 쓸 수 있는 칭찬이에요.

152 | 멍

아 자
あざ

아자아자 했더니 멍이 들었다.

일본어 공부를 열심히 하려고 '아자아자' 했는데 팔꿈치가 책상에 부딪혀서 멍이 들었어요.

예문

❌ あざができて痛いです。
아자가 데키테 이타이데스
→ 멍이 들어서 아파요.

❌ ぶつけてあざになりました。
부츠케테 **아자**니 나리마시타
→ 부딪혀서 멍이 들었어요.

Tip

'멍이 들다'는 'あざになる'라고 해요.

---

153 | 명함

메 ― 시
めいし [名刺]

메시가 명함을 줬다.

축구 선수 메시한테 명함을 받았어요. 영광이에요~!

예문

❌ 新しい名刺を作りました。
아타라시― **메―시**오 츠쿠리마시타
→ 새로운 **명함**을 만들었어요.

❌ 名刺を交換しました。
메―시오 코―칸·시마시타
→ **명함**을 교환했어요.

Tip

일본은 명함을 많이 들고 다니면서 교환해요. 일본어로 명함 하나 만들어 가면 인맥이 넓어질 거예요.

154 | 몇 살

난 · 사 이
なんさい [何歳]

난 그 사이에 몇 살이 되었지?

할아버지가 '난 그 사이에 몇 살이 됐지?'라고 하네요. 나이가 들면 자신의 나이가 바로 생각 나지 않을 때가 많아요.

なんさい
何歳ですか。
난 · 사이데스카
→ 몇 살이에요?

なんさい　き
何歳か聞きました。
난 · 사이카 키키마시타
→ 몇 살인지 물어봤어요.

Tip

일본은 태어나면 0살이고 다음 해 생일이 되면 1살이 돼요.

---

155 | 모서리

카 도
かど [角]

카드 모서리

지갑에서 카드가 있으면 꺼내 보세요. 카드는 한 장이지만 'かど'는 네 개입니다.

お　がみ　かど　あ　　お
折り紙の角を合わせて折ります。
오리가미노 카도오 아와세테 오리마스
→ 색종이의 모서리를 맞춰서 접어요.

つくえ　かど　ちゅう い
机の角に注意してください。
츠쿠에노 카도니 츄―이시테 쿠다사이
→ 책상 모서리에 주의해 주세요.

Tip

실제 발음은 '카도'에 가까워요. 카드는 '카―드'라 고 해요.

동사/행동

아 츠 메 루
あつめる [集める]

아침으로 먹으려고 블루베리를 모으다.

아침으로 먹으려고 마당에서 블루베리를 모으고 있어요. 블루베리 말고도 사람을 모을 때도 아침에 부르는 경우가 많죠? '모으다'라는 단어는 먼저 아침을 연상시켜 보세요.

예문

✕ かわいいシールを集めます。
카와이ー 시ー루오 **아츠메마스**
→ 귀여운 스티커를 **모아요**.

✕ 意見を集めました。
이켕 · 오 **아츠메마시타**
→ 의견을 **모았어요**.

Tip
'あつめる(集める)'에서 'め'를 'ま'로 바꾼 'あつまる(集まる)'는 '모이다'라는 의미예요.

명사/물건

보 ー 시
ぼうし [帽子]

모자로 머리를 보호시키다.

모자는 패션으로도 쓰지만 머리를 보호시키기 위해서도 쓰죠.

예문

✕ かっこいい帽子がほしいです。
칵 · 코이ー **보ー시**가 호시ー데스
→ 멋있는 **모자**를 갖고 싶어요.

✕ 寒いので帽子をかぶります。
사무이노데 **보ー시**오 카부리마스
→ 추우니까 **모자**를 써요.

Tip
'보~시'라고 길게 발음하면 더 자연스러워요.

158 | 목

노 도
のど [喉]

노동을 했더니 목이 마르네.

노동을 열심히 했더니 갈증이 나네요. 목이 말
라요~

의 
喉が痛いです。
노도가 이타이데스
→ **목이 아파요.**

의 
喉が渇きました。
노도가 카와키마시타
→ **목이 말랐어요.**

Tip

물을 마실 때 지나가는 목 내부는 'のど(喉)'라고 하
고, 만질 수 있는 바깥 부분은 'くび(首)'라고 해요.

---

159 | 몸

카 라 다
からだ [体]

몸을 위해 갈아 먹다.

건강을 생각해서 채소와 과일을 갈아 먹고 있
어요. 몸에 아주 좋아 보이네요.

의 
体のために運動します。
카라다노 타메니 운·도-시마스
→ **몸을 위해서 운동합니다.**

의 
体をほぐします。
카라다오 호구시마스
→ **몸을 풀어요.**

Tip

발음은 '갈아(먹)다'를 붙여서 '가라다'처럼 해 보
세요.

160 | 못하다

헤 타 다
へただ [下手だ]

못하지만 했다.

못한다고 해서 완성 못 하는 건 아니잖아요? 아빠는 망치질에 서툴지만 어떻게든 강아지 집을 만들어줬어요. '완성했다, 다!' 하지만 역시 못하네~

> 예문

✖ 私は運転が下手です。
와타시와 운·텡·가 **헤타데스**
→ 저는 운전을 **못해요**.

✖ 妹 は料理が下手です。
이모ー토와 료ー리가 **헤타데스**
→ 여동생은 요리를 **못해요**.

> 🌱 Tip

반대말 '잘하다'는 'じょうずだ(上手だ)'라고 해요.

---

161 | 무겁다

오 모 이
おもい [重い]

무거운 어머니

어머니가 많이 드셨는지 아버지보다 무거워졌어요.

> 예문

✖ このスーツケースは重いです。
코노 스ー츠케ー스와 **오모이데스**
→ 이 여행 가방은 **무겁습니다**.

✖ 重い荷物を持ってあげました。
오모이 니모츠오 못·테 아게마시타
→ **무거운** 짐을 들어줬어요.

> 🌱 Tip

'어머'를 '오모'로 발음하고 '이'를 붙이면 더 자연스러워요.

162 | 무섭다

코 와 이
こわい [怖い]

코와 이가 무섭다.

일본에는 그림과 같은 'おに'라는 도깨비가 있는데 코가 크고 송곳니가 있어서 무서워요. 코와 이 때문에 무서운 인상의 괴물이 많죠?

예문

✘ 暗いところは怖いです。
쿠라이 토코로와 **코와이데스**
→ 어두운 곳은 **무서워요**.

✘ 怖い先生がいます。
코와이 센 · 세ー가 이마스
→ **무서운** 선생님이 있어요.

Tip

감탄사처럼 쓸 때는 'こわっ(怖っ)!'라고도 해요.

---

163 | 무엇

낭 ·
なん [何]

넌 무엇이냐? 난!

난초꽃에게 넌 무엇이냐고 물으니 '난!'이라고 대답해 줬어요. 일본어를 아는 난초인가봐요.

예문

✘ これは何ですか。
코레와 **난** · 데스카
→ 이것은 **무엇**입니까?

✘ 何を食べますか。
나니오 타베마스카
→ **무엇**을 먹어요?

Tip

'무엇'은 한자로 '何'라고 쓰고 읽는 법은 'なん'과 'なに' 2가지예요. ①[です(입니다)]로 연결할 때 ②な/た/だ행이 뒤에 올 때 ③조수사가 올 때 'なん'으로 읽고, 그 외는 'なに'로 읽어요.

명사/자연

니 지
にじ [虹]

무지개 본 사람 니지?

무지개가 떴다는 소식을 듣고 왔는데 여기가 아닌가 봐요. 친구에게 '무지개 본 사람 니지(너지)?'라고 물어보니 위치를 알려주고 있어요.

예문

❌ 七色の虹がかかっています。
나나이로노 **니지**가 카캇·테 이마스
→ 일곱 색깔의 무지개가 떠 있습니다.

❌ 雨が止んで虹が出ました。
아메가 얀·데 **니지**가 데마시타
→ 비가 그치고 무지개가 떴어요.

Tip
무지개색은 'にじいろ(虹色)'라고 해요.

---

165 | 묵다

동사/행동

토 마 루
とまる [泊まる]

또 마루에서 묵다.

여름에 일본 여행을 가서 전통가옥에서 묵었어요. 너무 좋아서 작년에 오고 올해 또 왔네요. 마루는 시원해서 여름에 누워있기 딱 좋아요.

예문

❌ 東京のホテルに泊まります。
토―쿄―노 호테루니 **토마리마스**
→ 도쿄 호텔에 묵어요.

❌ うちに泊まってください。
우치니 **토맛**·테 쿠다사이
→ 우리 집에 묵으세요.

Tip
전통가옥 말고도 호텔이나 여관 등에 묵을 때도 'とまる(泊まる)'라고 해요.

166 | 문

도 아
ドア

문 여는 것 좀 도와줘.

회사에서 서류를 가득 들고 있는 남자 직원이 여자 직원에게 도와 달라고 하고 있어요. 짐이 많아서 문을 혼자서 열기 힘들 때는 도와달라고 하죠?

✖ ドアを開<ruby>け<rt>あ</rt></ruby>けてください。
　도아오 아케테 쿠다사이
→ **문**을 열어주세요.

✖ これは自動<ruby>ドア<rt>じ どう</rt></ruby>です。
　코레와 지도ー**도아**데스
→ 이것은 자동**문**이에요.

Tip

성문이나 학교 정문 같은 큰 문은 'もん(門)'라고 하고, 보통 집이나 가게에 있는 문은 모두 'ドア'라고 해요.

---

167 | 물

미 즈
みず [水]

미지근한 물

물은 미지근한 물이 가장 몸에 좋다고 해요. 너무 차갑지도 뜨겁지도 않는 물 말이죠.

✖ すみません、お水<rt>みず</rt>ください。
　스미마셍 · 오**미즈** 쿠다사이
→ 저기요, **물** 주세요.

✖ 運動の後に水を飲みます。
　운 · 도ー노 아토니 **미즈**오 노미마스
→ 운동 후에 **물**을 마셔요.

Tip

'지'를 '즈'로 바꾸어 발음하세요. 일본인 이름이나 지명에 'みず'가 들어가면 물 수(水)일 가능성이 커요.

168 | 물건

명사/물건

모 노
もの [物]

이 물건은 뭐노?

부산에 사는 할머니에게 스마트폰을 보여드렸더니 '이 물건 뭐노?'라고 하셨어요.

예문

✖ 部屋に物がたくさんあります。
헤야니 **모노**가 타쿠상 · 아리마스
→ 방에 **물건**이 많이 있어요.

✖ 机の上から物が落ちました。
츠쿠에노 우에카라 **모노**가 오치마시타
→ 책상 위에서 **물건**이 떨어졌어요.

Tip
기모노의 '기'는 'きる(着る:입다)', '모노'는 'もの(物:물건 또는 것)'라는 뜻이에요.

---

169 | 미리

부사

마 에 못 · 테
まえもって [前もって]

미리 말 못해?!

남편이 회사에서 밥을 먹고 왔대요. 아내는 저녁을 차리고 기다리고 있었는데 화났어요. '미리 말 못해?!'라고 아내가 말하는 것도 이해가 되시죠?

예문

✖ 前もって準備をします。
마에못 · 테 줌 · 비오 시마스
→ **미리** 준비를 해요.

✖ 前もって知らせました。
마에못 · 테 시라세마시타
→ **미리** 알렸어요.

Tip
비슷한 말인 'じぜんに(事前に:사전에)'도 참고로 알아두면 좋아요.

170 | 미역

와 카 메
わかめ

미역이 와~ 까매

미역은 까맣죠? 특히 요리하기 전의 말린 미역은 정말 까매요. 무심코 '와~ 까매'라고 말이 나오네요.

 わかめの味噌汁を作ります。
와카메노 미소시루오 츠쿠리마스
→ **미역** 된장국을 만들어요.

 韓国のわかめスープはおいしい。
캉·코쿠노 **와카메** 스ー푸와 오이시ー
→ 한국 **미역국**은 맛있다.

Tip

한국은 된장국에 미역을 잘 안 넣지만, 일본은 넣어요.

---

171 | 미지근하다

누 루 이
ぬるい

누룩이 미지근하다.

미지근한 온도에서는 발효가 잘 돼요. 특히 누룩은 35~40도의 미지근한 온도를 유지하면 발효가 잘 되죠.

 お風呂のお湯がぬるいです。
오후로노 오유가 **누루이**데스
→ 목욕 물이 **미지근해요**.

 ぬるいコーヒーを飲みました。
누루이 코ー히ー오 노미마시타
→ **미지근한** 커피를 마셨어요.

Tip

'누룩이'의 'ㄱ' 받침을 빼고 '누루이'로 하면 더 자연스러워요.

172 | 미행

비 코 -
びこう [尾行]

머리를 빗고 미행을 하다.

남자 친구가 의심스러워서 미행해 봤더니 바람피우는 것 같아요. 정신없이 쫓아가다 보니 머리가 헝클어져서 빗고 있어요.

예문

☒ 男の人を尾行しています。
오토코노 히토오 **비코ー**시테 이마스
→ 남자를 미행하고 있어요.

☒ 私を尾行しないでください。
와타시오 **비코ー**시나이데 쿠다사이
→ 저를 미행하지 마세요.

Tip

미행이라는 단어는 자주 쓰이진 않지만, 꼬리 미(尾)와 다닐 행(行)을 외울 수 있어 알아두면 편리해요.

---

173 | 밀다

오 스
おす [押す]

오수를 밀다.

하수구에 오수가 막혀서 밀고 있어요. 뚫어뻥으로 밀어주면 오수가 나오겠네요.

예문

☒ ドアを押して開けます。
도아오 **오시테** 아케마스
→ 문을 밀어서 열어요.

☒ 押してだめなら引いてみな。
오시테 다메나라 히ー테미나
→ 밀어서 안 되면 당겨봐.

Tip

'스'와 '수' 사이로 발음하면 자연스러워요.

| 어려운 호칭 문화 |

일본에서는 처음 만난 사람에게 성이나 이름에 'さん(씨)'을 붙여서 불러요. 가장 일반적이고 정중한 표현이죠. 그래서 처음 한국에 왔을 때, 일본에서처럼 이름에 '씨'를 붙여서 불렀더니 상대방의 표정이 안 좋았어요. 한국에서는 윗사람에게 '씨'를 붙여서 부르면 오히려 실례가 된다는 걸 나중에 알게 되었답니다. 참고로 친한 여자 친구에게는 'ちゃん', 친한 남자 친구에게는 'くん'을 붙여서 불러요.

일본에는 약 30만 종류의 성이 있어요. 한국과 달리 성으로만 불러도 바로 누군지 알 수 있기 때문에 성으로 부르는 경우가 일반적이에요. 정말 친하거나 연인 사이, 또는 가족의 경우에는 이름으로만 불러요. 그래서 한국에서 친구들이 이름으로 불렀을 때, 솔직히 당황했어요. '나를 여자 친구라고 생각하나…?!'라고 생각이 들어 남자인 친구가 부르면 이상하게 기분이 설렐 때도 있었답니다. 그 반대로 제가 친구를 처음부터 이름으로 부르는 일은 정말 용기가 필요했어요!

▷이름 부르는 방법

성 + さん	이름 + さん	이름 + ちゃん くん	성	이름
山田さん	花子さん	花子ちゃん	山田	花子

*왼쪽에서 오른쪽으로 갈수록 편한 사이

Track 06

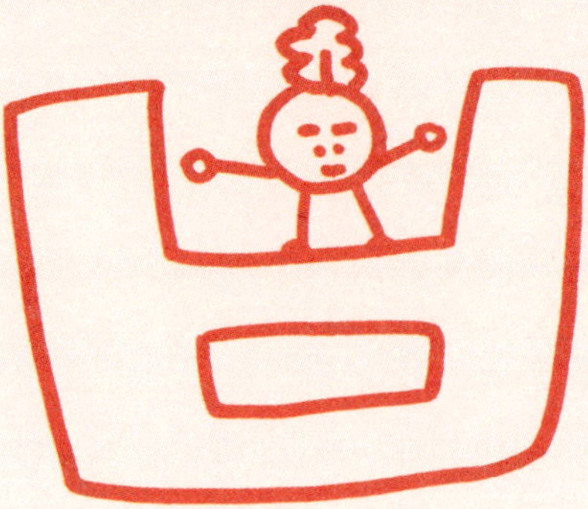

174 | 바다

명사/장소

우 미
うみ [海]

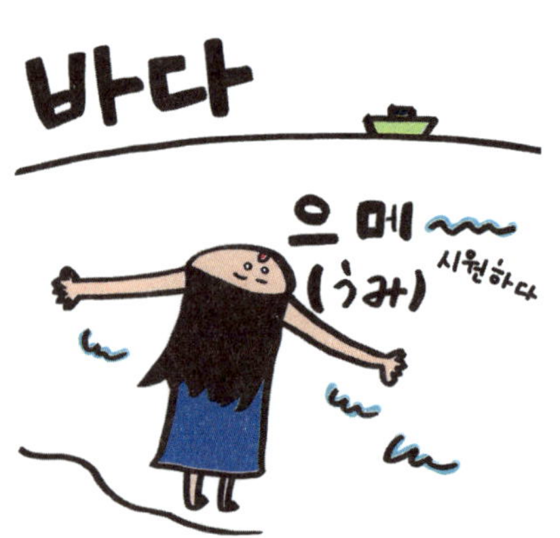

바다는 으메~ 시원하다!

바다에 오니까 '으메~'하고 나도 모르게 소리가 나왔어요. 바다에 가면 외쳐봐요.

예문

- 海(うみ)は広(ひろ)いです。
  우미와 히로이데스
  → 바다는 넓어요.

- 夏(なつ)は海(うみ)で泳(およ)ぎます。
  나츠와 우미데 오요기마스
  → 여름엔 바다에서 헤엄쳐요.

Tip

그림의 '으메'는 '으미'로 보이죠? '으미'가 더 자연스러운 발음이에요.

175 | 바람

명사/자연

카 제
かぜ [風]

바람이 너무 많이 불어서 집에 가재.

회사에서 퇴근하는데 태풍이 오는지 바람이 세게 불어요. 집에 빨리 가재요.

✗ 今日は風が強いです。
코ー와 **카제**가 츠요이데스

→ 오늘은 **바람**이 세요.

✗ 風で洗濯物が飛んでいきました。
카제데 센 · 타쿠모노가 톤 · 데 이키마시타

→ **바람**에 빨래가 날아갔어요.

 **Tip**

감기도 'かぜ(風邪)'라고 해요. 발음은 같지만 한자가 달라요.

---

176 | 밖에

조사

시 카
しか

시카고 피자밖에 없다.

친구네 집에 초대를 받았는데 시카고 피자밖에 없다면서 대접해 줬어요. 시카고 피자면 충분하죠.

✗ お金が10円しかありません。
오카네가 쥬ー엔 · **시카** 아리마셍 ·

→ 돈이 10엔**밖에** 없어요.

✗ お客さんが一人しかいません。
오캬쿠상 · 가 히토리**시카** 이마셍 ·

→ 손님이 1명**밖에** 없어요.

 **Tip**

'しか' 뒤에는 부정형이 와요.

명사/일상생활

한 · 세 –
はんせい [反省]

한세월 반성했다.

잘못했을 때 반성하죠. 이 남자는 누군가에게 미안한 일이 있나 봐요. 한세월 반성 중이에요.

예문

はんせい
✕ 反省しています。
한 · 세 – 시테 이마스
→ **반성**하고 있어요.

はんせい
✕ 反省したふりをします。
한 · 세 – 시타 후리오 시마스
→ **반성**한 척을 해요.

Tip

'반성하다'는 'はんせいする(反省する)'라고 해요.

명사/음식

오 카 즈
おかず

반찬 줬으니까 옷 가져.

옆집 이웃에게 반찬을 받고 옷을 줬어요. 엄마끼리 물건으로 교환하는 일이 많죠.

예문

すく
✕ おかずが少ないです。
오카즈가 스쿠나이데스
→ **반찬**이 적어요.

こんや　　　　や さいいた
✕ 今夜のおかずは野菜炒めです。
콩 · 야노 **오카즈**와 야사이이이타메데스
→ 오늘 저녁 **반찬**은 채소 볶음이에요.

Tip

반찬가게는 'おそうざいやさん(お惣菜屋さん)'이라고 해요.

はっこう [発酵]
학 · 코 ―

핫코코아로 발효시킨다.

김치 발효 방법은 집집마다 다르지요. 이 집의 비법은 핫코코아를 넣는 것이었네요! 여러분은 따라하지 마세요~

예문

 発酵食品を買います。
학 · 코 ― 쇼쿠힝 · 오 카이마스
→ **발효** 식품을 사요.

 豆を発酵させて納豆を作る。
마메오 **학 · 코** ― 사세테 낫 · 토 ― 오 츠쿠루
→ 콩을 **발효**시켜서 낫토를 만든다.

Tip

'핫코~'라고 길게 발음하면 더 자연스러워요.

ふむ [踏む]
후 무

개똥을 밟다니 전무후무한 일이다.

길에서 개똥을 밟다니... 전무후무한 일이에요. 주인이 강아지의 배변을 잘 치우면 이런 일이 없을 텐데요!

예문

 うどんの生地を足で踏みます。
우돈 · 노 키지오 아시데 **후미마스**
→ 우동 반죽을 발로 **밟아요**.

 私の足を踏まないでください。
와타시노 아시오 **후마나이데** 쿠다사이
→ 제 발을 **밟지 말아** 주세요.

Tip

'ふんだりけったり(踏んだり蹴ったり)'라는 관용어가 있어요. 직역하면 '밟거나 차거나'지만, '엎친데 덮친 격'이라는 뜻으로 사용해요.

181 | 밤

요 루
よる [夜]

밤에 열 났다.

아이가 밤에 열이 나서 엄마가 걱정하고 있어요. 낮에 건강해도 밤에는 열이 나는 게 정말 신기해요.

 夜は暗いです。
요루와 쿠라이데스
→ **밤**은 어두워요.

 夜9時にドラマを見ます。
요루 쿠지니 도라마오 미마스
→ **밤** 9시에 드라마를 봐요.

> **Tip**
> 낮은 'ひる(낮)'라고 해요.

---

182 | 방

헤 야
へや [部屋]

해야... 내 방도 좀 비춰줘.

대학생이 자취방을 구했는데 반지하예요. '해야…'하고 간절히 방을 비춰달라고 부탁하고 있어요.

 ここは私の部屋です。
코코와 와타시노 **헤야**데스
→ 여기는 내 **방**이에요.

 部屋にテレビがあります。
헤야니 테레비가 아리마스
→ **방**에 TV가 있어요.

> **Tip**
> 일본에는 반지하가 없어요. 한국에 유학 와서 처음 보고 정말 신기했어요!

명사/일상생활

방 · 구 미
ばんぐみ [番組]

방송을 보면서 방에서 구미를 먹다.

아이가 재미있는 방송을 보면서 방에서 구미를 먹어요. 참고로 일본에서 젤리를 '구미(ぐみ)'라고 해요.

예문

私はバラエティ番組が好きです。
와타시와 바라에티 방·구미가 스키데스
→ 저는 예능 **방송**을 좋아해요.

夜10時に新しい番組があります。
요루 쥬—지니 아타라시— 방·구미가 아리마스
→ 밤 10시에 새로운 **방송**이 있어요.

Tip

방송은 한자 그대로 '호우소우(放送)'라고도 해요.
'ばんぐみ(番組)'는 티비 프로그램을 뜻해요.

명사/음식

나 시
なし [梨]

나시를 입고 배를 따다.

배는 시원한 가을에 나죠? 열심히 따다 보면 땀도 나니 나시(민소매)를 입고 따면 좋아요.

예문

母は梨が好きです。
하하와 **나시**가 스키데스
→ 어머니는 **배**를 좋아해요.

秋は梨がおいしいです。
아키와 **나시**가 오이시—데스
→ 가을은 **배**가 맛있어요.

Tip

일본에서도 배를 많이 먹지만, 한국에서는 양념 만들 때나 고명으로 올릴 때 등 다양하게 쓰이는 게 참 신기해요.

185 | (신체) 배

명사/신체

하 라
はら [腹]

할아버지 배

할아버지 배를 보고 손자들이 만지고 있어요.
'배'라고 하면 할아버지 배를 떠올려 보세요.

예문

 腹が痛いです。
하라가 이타이데스
→ 배가 아파요.

 腹いっぱい食べました。
하라입 · 빠이 타베마시타
→ 배부르게 먹었어요.

Tip

배는 'はら(腹)' 또는 'おなか(お腹)'라고 해요. 남자들은 일상생활에서 'はら(腹)'를 많이 쓰는 경향이 있어요.

---

186 | 배고프다

유용한 말

하 라 헷 · 타
はらへった [腹減った]

배고프다고 할아버지가 했다.

할아버지가 할머니한테 배고프다고 말했어요. 식사 시간이 다가왔나 봐요. 배에서 꼬르륵하네요!

예문

 お母さん〜、腹減った。
오카ー상 · 하라헷 · 타
→ 엄마~, 배고파.

 腹減って死にそうだ。
하라헷 · 테 시니소ー다
→ 배고파서 죽을 것 같다.

Tip

할아버지가 말한 것처럼 'はらへった(腹減った)'는 주로 남자들이 많이 쓰는 말이에요. 'おなかすいた(お腹空いた)'가 조금 더 고운 말이에요.

187 | 배우다

나 라 우
ならう [習う]

여러 나라를 배우다.

학교에서 여러 나라에 대해서 배우고 있어요.
세상을 넓게 봐야죠.

예문

✗ 私は日本語を習っています。
와타시와 니홍 · 고오 **나랏 · 테** 이마스
→ 저는 일본어를 배우고 있어요.

✗ 3年生になると英語を習います。
산 · 넨 · 세ー니 나루토 에ー고오 **나라이마스**
→ 3학년이 되면 영어를 배워요.

Tip

같은 뜻으로 사용할 수 있는 동사 'まなぶ(学ぶ)'도
알아두세요!

---

188 | 배추

학 · 사 이
はくさい [白菜]

배추김치 담글 때 양념을 확 사이에

배추김치를 만들 때는 양념을 확 사이에 넣어
야 잘 배어서 맛있어요. 일본에도 배추김치는
인기가 많아서 직접 만드는 사람도 있어요.

예문

✗ 白菜でキムチを漬けます。
학 · 사이데 키무치오 츠게마스
→ **배추**로 김치를 담가요.

✗ 八百屋で白菜を買います。
야오야데 **학 · 사이**오 카이마스
→ 채소 가게에서 **배추**를 사요.

Tip

양배추는 'キャベツ'라고 해요. 발음할 때 'く' 소리
를 약하게 내면 더 자연스러워요!

189 | 버리다

스 테 루
すてる [捨てる]

쓸데없는 걸 버리다.

쓸데없는 건 버리라고 하는데 아이는 다 필요하다고 해요. 아이에게는 쓸데없는 게 아닐 수도 있겠죠.

예문

 ごみを捨てます。
고미오 스테마스
→ 쓰레기를 버려요.

私を捨てないで！
와타시오 스테나이데
→ 나를 버리지 마!

Tip
반대말 '줍다'는 'ひろう(拾う)'라고 해요.

190 | 벌레

무 시
むし [虫]

벌레가 무시무시하다.

벌레가 몸에 올라와요. 정말 무시무시해요.

예문

 虫が飛んでいます。
무시가 톤·데 이마스
→ 벌레가 날고 있어요.

私は虫が嫌いです。
와타시와 무시가 키라이데스
→ 저는 벌레를 싫어해요.

Tip
무당벌레는 'てんとうむし', 사슴벌레는 'かぶとむし'라고 해요. 단어에 'むし'를 붙여서 벌레 이름을 만들 수 있어요.

191 | 벌써

もう

모 ー

뭐 **벌써** 아침이라고?

아침에 늦잠을 잤나 봐요. 알람 시계를 보자마자 '뭐?! 벌써 아침이라고?!'라는 말이 나오네요.

> 예문

✘ **もう** 12月です。
모ー 쥬ー니가츠데스
→ **벌써** 12월이에요.

✘ **もう** 6年生になりました。
모ー 로쿠넨 · 세ー니 나리마시타
→ **벌써** 6학년이 되었어요.

> Tip

'모~'라고 길게 발음하면 자연스러워요.

---

192 | 벗다

ぬぐ [脱ぐ]

누 구

옷 **벗은** 사람은 **누구**?!

유치원에서 옷이 떨어져 있어요. 벗은 사람이 누구인지 선생님이 찾고 있어요.

> 예문

✘ パジャマを**脱**ぎます。
파쟈마오 **누기**마스
→ 잠옷을 **벗어요.**

✘ コートを**脱**いでください。
코ー토오 **누이데** 쿠다사이
→ 코트를 **벗어** 주세요.

> Tip

반대말 '입다'는 'きる(着る)'라고 해요.

193 | 베개

마 쿠 라
まくら [枕]

각자 베개에 마크해라.

수학여행에 왔는데 각자 집에서 베개를 갖고 왔나 봐요. 누구 건지 알 수 있도록 '마크해라' 라고 선생님이 말하네요.

예문

❌ 柔らかい枕が好きです。
やわ　　　　まくら　　す
야와라카이 **마쿠라**가 스키데스
→ 부드러운 **베개**를 좋아해요.

❌ 枕が高すぎます。
まくら　たか
마쿠라가 타카스기마스
→ **베개**가 너무 높아요.

Tip

일본에서는 수학여행에 가면 선생님 몰래 베개싸움 'まくらなげ(枕投げ)'를 하는 게 묘미예요. 하지만 다칠 수 있으니 하면 안 돼요!

---

194 | 병

빙 ·
びん [瓶]

빈 병

병은 깨끗하게 닦아 빈 병으로 보관하다가 꽃을 꽂아두기도 하고, 잼을 넣어두기도 해요.

예문

❌ 瓶をきれいに洗います。
びん　　　　　　あら
빙 · 오 키레一니 아라이마스
→ **병**을 깨끗하게 씻어요.

❌ 缶と瓶はリサイクルします。
かん　びん
칸 · 토 **빙** · 와 리사이쿠루시마스
→ 캔과 **병**은 재활용해요.

Tip

빈 병은 'あきびん(空き瓶)'이라고 하고, 캔은 'かん(缶)'이라고 해요.

195 | 병원

명사/장소

びょういん [病院]
묘 – 잉 ·

병원에는 병 있는 사람이 있다.

병원에는 병이 있는 사람이 주로 가죠? 같은 한자어라 발음이 비슷해요.

예문

✘ 病院はどこにありますか。
묘－잉 · 와 도코니 아리마스카
→ **병원**은 어디에 있어요?

✘ 病院で治療を受けました。
묘－인 · 데 치료－오 우케마시타
→ **병원**에서 치료를 받았어요.

Tip

일본도 구급차를 부를 때는 119에 전화해요. 참고로 경찰은 110이에요.

---

196 | 보내다

동사/행동

おくる [送る]
오 쿠 루

지옥으로 보내다.

저승에서 염라대왕이 잘못을 많이 한 사람을 지옥으로 보내고 있어요.

예문

✘ 手紙を送ります。
테가미오 **오쿠리마스**
→ 편지를 **보내요**.

✘ 塾まで車で送ります。
쥬쿠마데 쿠루마데 **오쿠리마스**
→ 학원까지 차로 **보내요**.

Tip

사람뿐만 아니라 소포나 편지 등을 보낼 때도 '오쿠루(送る)'를 쓸 수 있어요.

197 | 보다

미 루
みる [見る]

밀키트를 보다.

주부가 슈퍼에서 밀키트를 보면서 고민 중이에요. 가격, 내용 등 유심히 보고 비교해야죠.

예문

✖ 空を見ます。 
소라오 **미마스**
→ 하늘을 **봐요.**

✖ 週末は映画を見ます。
슈ー마츠와 에ー가오 **미마스**
→ 주말에는 영화를 **봐요.**

Tip

한국어 '보다'는 '만나다'라는 뜻도 있지만, 일본어 'みる(見る)'에는 없어요. '만나다'는 'あう(会う)'를 써요.

198 | 보세요

미 테 쿠 다 사 이
みてください [見てください]

밑에 쿠크다스 보세요.

일본어 선생님이 '밑에 쿠크다스 보세요~'라고 했어요. 일본어인지 한국어인지 헷갈리지만 알아 듣고 먼저 찾는 사람이 임자입니다!

예문

✖ こちらを見てください。 
코치라오 **미테 쿠다사이**
→ 이쪽을 **보세요.**

✖ 前を見てください。 
마에오 **미테 쿠다사이**
→ 앞을 **보세요.**

Tip

'~해 주세요'는 '~てください'예요. 앞에 오는 동사를 바꾸면 부탁할 때 사용할 수 있는 문장이 돼요.

199 | 보여주다

동사/행동

미 세 루
みせる [見せる]

미세먼지 농도를 보여주다.

핸드폰으로 미세먼지 농도 어플을 보여주고 있어요. 오늘은 공기가 맑아서 '루루루~' 기분도 좋네요.

りょうきんひょう　み
料金表を見せます。
료킹 · 효ー오 **미세마스**
→ 요금표를 **보여주다.**

メニューを見せてください。
메뉴ー오 **미세테** 쿠다사이
→ 메뉴판을 **보여주세요.**

Tip

'미세먼지'의 '미세'와 '루루루~'의 '루'를 붙여서 '미세루'로 하면 발음해 보세요.

---

200 | 보통

부사

후 츠 ー
ふつう [普通]

보통 후추를 넣어요.

한국인이 불고기 레시피를 설명하고 있어요. 보통 후추를 넣는다고 말하니 일본인이 놀라네요.

ふ　つう
普通サイズをください。
후츠ー 사이즈오 쿠다사이
→ **보통** 사이즈를 주세요.

あさ　　　　　　ふ つう た
朝ごはんは普通食べません。
아사고항 · 와 **후츠ー** 타베마셍 ·
→ 아침밥은 **보통** 먹지 않아요.

Tip

한국 요리를 배우면서 놀란 점은 후추를 많이 넣는다는 거예요. 일본 음식에는 잘 안 써요.

201 | 복숭아

명사/음식

모 모
もも [桃]

복숭아 종류가 뭐뭐 있어?

과일가게에 갔는데 복숭아 종류가 다양하네요. '뭐뭐 있어?'라고 물어봐요.

예문

✗ 桃を２つください。
모모오 후타츠 쿠다사이
→ **복숭아**를 2개 주세요.

✗ 桃の缶詰を買います。
모모노 칸 · 즈메오 카이마스
→ **복숭아** 통조림을 사요.

Tip

자두는 'すもも'라고 해요. 일본어에 'もももすもも ももものうち(복숭아도 자두도 복숭아의 일종)'라는 잰말놀이가 있어요.

---

202 | 부르다

동사/행동

요 부
よぶ [呼ぶ]

여보라고 부르다.

부부 사이에 '여보'라고 부르죠?

예문

✗ 店員さんを呼びます。
텡 · 인 · 상 · 오 요비마스
→ 점원을 **불러요**.

✗ 何と呼んだらいいですか。
난 · 토 **욘** · **다라** 이ー데스카
→ 뭐라고 **부르면** 돼요?

Tip

'보'를 '부'로 바꾸어 발음해 보세요.

명사/가족

옥 · 상 ·
おくさん [奥さん]

부인이 옥상에 있다.

옥상에서 부인이 빨래를 널고 있어요. 꼭 옥상에 없더라도 부인을 '옥상'이라고 불러보세요.

예문

※ **隣の家の奥さんは主婦です。**

토나리노 이에노 **옥·상·**와 슈후데스
→ 이웃집 **부인**은 주부예요.

※ **社長の奥さんは若いです。**

샤쵸―노 **옥·상·**와 와카이데스
→ 사장님 **부인**은 젊어요.

Tip

자신의 부인을 말할 때도 쓰지만, 남의 부인 즉 '제수씨'나 '형수님'이라는 뜻으로도 쓰여요. 발음할 때 'く' 소리를 약하게 내면 더 자연스러워요!

조사

카 라
から

한 시부터 가라.

회사에서 상사가 1시부터 거래처에 가라고 해요. 시작점을 나타내요.

예문

※ **朝から夜まで働きます。**

아사**카라** 요루마데 하타라키마스
→ 아침**부터** 밤까지 일해요.

※ **夜 9 時からテレビを見ます。**

요루 쿠지**카라** 테레비오 미마스
→ 밤 9시**부터** TV를 봐요.

Tip

시간뿐만 아니라 장소의 출발점에서도 쓸 수 있어요. '도쿄에서 오사카까지' 할 때의 '에서'도 '에서'도 'から'를 써요.

205 | 불편하다

후벤・다
ふべんだ [不便だ]

후밴데 불편하다.

주변에 후밴데 불편한 사람이 없어요? 회사에
들어갔는데 후밴데 무섭게 생겼고 뭔가 말 걸기
도 불편해요.

예문

× 画面が小さくて不便です。
가멩・가 치ー사쿠테 후벤・데스
→ 화면이 작아서 **불편해요**.

× 田舎は交通が不便です。
이나카와 코ー츠ー가 후벤・데스
→ 시골은 교통이 **불편해요**.

Tip

'편하다'는 'らくだ(楽だ)'라고 해요. 참고로 후배는
'こうはい(後輩)'라고 해요.

---

206 | 불평

후헤ー
ふへい [不平]

불평만 했던 것을 후회한다.

남편이 아내에게 불평만 한 것에 대해 후회하
고 있어요. 불평불만을 말하기 전에 잘 생각해
야죠.

예문

× 彼はよく不平を言います。
카레와 요쿠 후헤ー오 이ー마스
→ 그는 자주 **불평**을 말해요.

× 不平不満を言わないでください。
후헤ー후망・오 이와나이데 쿠다사이
→ **불평불만**을 말하지 마세요.

Tip

'불평불만'은 'ふへいふまん(不平不満)'이라고 해요.
'불평을 말하다'는 'ふへいをいう(不平を言う)'예요.

207 | 붙이다

동사/행동

하 루
はる [貼る]

하루의 일정을 붙이다.

오늘 하루 일정을 써서 붙이려고 해요. 어릴 때는 스티커를 많이 붙였지만, 크면 하루 일정을 매일 붙이게 되네요.

예문

 湿布を貼ります。
십 · 뿌오 **하리마스**

→ 파스를 **붙여**요.

 シールを貼ってください。
시ー루오 **핫 · 테** 쿠다사이

→ 스티커를 **붙여** 주세요.

Tip

같은 발음으로 'はる(春)'는 봄이라는 뜻이에요. 악센트가 달라요.

※ はる(春:봄) 고저 악센트
　 はる(貼る:붙이다) 저고 악센트

---

208 | 비

명사/자연

아 메
あめ [雨]

비 오는 날은 아메리카노

비 오는 날에 카페나 집에서 느긋하게 아메리카노 한잔 어때요? 일본어 공부도 같이 하면서요.

예문

 雨が降っています。
아메가 훗 · 테 이마스

→ **비**가 내리고 있어요.

 明日の天気は雨です。
아시타노 텡 · 키와 **아메**데스

→ 내일 날씨는 **비**예요.

Tip

같은 발음으로 'あめ(飴)'는 사탕이라는 뜻이에요. 악센트가 달라요.

※ あめ(雨:비) 고저 악센트
　 あめ(飴:사탕) 저고 악센트

209 | 비둘기

하 토
はと [鳩]

비둘기가 핫도그를 먹고 있다.

누가 줬는지 주웠는지 비둘기가 길가에서 핫도그를 먹고 있어요.

예문

❌ はとは平和の象徴です。
へい わ　　しょうちょう
하토와 헤ー와노 쇼ー쵸ー데스
→ **비둘기**는 평화의 상징이에요.

❌ はとがえさを食べています。
　　　　　　た
하토가 에사오 타베테 이마스
→ **비둘기**가 먹이를 먹고 있어요.

Tip

비둘기는 일본에서 평화의 상징으로 여겨요. 공원이나 길거리에서 먹이를 주는 사람도 있답니다. 하지만 한국에서는 인식이 좀 다르죠?

---

210 | 비싸다/높다

타 카 이
たかい [高い]

닭 값이 비싸다. 닭 하이(high)!

닭 값이 많이 올라서 비싸요. 닭 하이(high)예요.

예문

❌ 富士山は高いです。
ふ じ さん　たか
후지상 · 와 타카이데스
→ 후지산은 **높아요**.

❌ 高いお酒をもらいました。
たか　　さけ
타카이 오사케오 모라이마시타
→ **비싼** 술을 받았어요.

Tip

일본어는 '비싸다'와 '높다' 모두 '**たかい(高い)**'라고 해요.

211 | 빌려주다

카 스
かす [貸す]

옆 테이블에 카스를 빌려주다.

술집에서 옆 테이블에 카스를 빌려줬어요. 술 마시면 서로 서로 그런 일도 있겠죠?

ほん か
本を貸します。
홍 · 오 카시마스
→ 책을 빌려줘요.

かね か
お金を貸してください。
오카네오 카시테 쿠다사이
→ 돈을 빌려주세요.

Tip

'빌리다'는 'かりる(借りる)'라고 해요.

---

212 | 빠르다

하 야 이
はやい [速い]

하얀 신칸센은 빠르다.

일본의 신칸센은 최고 시속 약 300km로 달려 정말 빨라요. 신칸센은 하얀색이 특징이니 '빠르다'라고 하면 '하얀' 신칸센으로 외워보세요.

しんかんせん はや
新幹線は速いです。
싱 · 칸 · 셍 · 와 하야이데스
→ 신칸센은 빨라요.

おとうと あし はや
弟 は足が速いです。
오토ー토와 아시가 하야이데스
→ 남동생은 다리가 빨라요.

Tip

예전 열차는 브레이크 마찰로 인한 쇠 부스러기가 많이 나와서 하얀색을 못 썼지만, 신칸센용 브레이크는 부스러기가 안 나오는 구조라 하얀색으로 할 수 있었대요.

동사/행동

하마루
はまる

하마가 빠지다.

하마가 물에 빠졌어요. 하마는 물에 살지만 사실 수영을 잘 못 한대요. 도와주세요~

예문

✖ 田んぼに足がはまります。
탐 · 보니 아시가 **하마리마스**
→ 논에 발이 **빠져요**.

✖ アイドルにはまっています。
아이도루니 **하맛 · 테** 이마스
→ 아이돌에 **빠져 있어요**.

Tip
좋아하는 일에 몰두할 때도 'はまる'를 사용할 수 있어요.

명사/신체

호 －
ほお [頬]

뺨을 호~

아이 뺨에 상처가 났어요. 약을 바르면서 호~ 불어주세요.

예문

✖ 寒いと頬が赤くなります。
사무이토 **호ー가** 아카쿠 나리마스
→ 추우면 **뺨이** 빨개져요.

✖ 赤ちゃんの頬がかわいいです。
아카짱 · 노 **호ー가** 카와이ー데스
→ 아기의 **뺨이** 귀여워요.

Tip
'호～' 불어주는 것처럼 길게 발음해 주세요.

| 끝말잇기와 しりとり^{시 리 토 리} |

　한국에 끝말잇기가 있듯, 일본에도 비슷한 놀이가 있어요. 바로 しりとり예요. 'しり'는 '엉덩이'를 뜻하지만, 동시에 단어의 끝부분이라는 의미도 있어요. 'とり'는 동사 'とる(取る)^{토 루}'의 명사형으로, '잇기, 잡기'라는 뜻이에요. 이름부터 '단어의 끝을 이어 말하는 놀이'라는 의미를 담고 있죠. 두 나라 모두 단어의 끝말을 이어간다는 점은 같지만, 지는 조건이 달라요.

　일본의 しりとり는 'ん'으로 끝나는 단어를 말하면 패배예요. 예를 들어 [あか(빨강)^{아 카} → かき(감)^{카 키} → きりん(기린)^{키 링}]이라면, 'きりん'을 말한 사람이 지게 되죠. 'ん'으로 끝나는 걸 알면서도 무심코 말해버리기도 해요. 한국의 끝말잇기는 달라요. 단어를 잇지 못하면 패배하죠. 예를 들어 '달력'이라고 했을 때, 다음 사람이 '력'으로 시작하는 단어를 정해진 시간 안에 말하지 못하면 지는 거예요. 다음 사람이 곤란할 수 있도록 어려운 말을 찾아내는 재미가 있어요.

　이처럼 일본은 'ん'으로 끝나는 말을 하면 지고, 한국은 말을 잇지 못하면 지는 방식으로 각각의 언어적 특징이 드러나요. 규칙은 다르지만, 둘 다 언어 감각과 순발력을 길러 주는 재미있는 놀이예요. 여러분도 지금까지 나온 단어들로 しりとり 한 번 해보세요!

Track 07

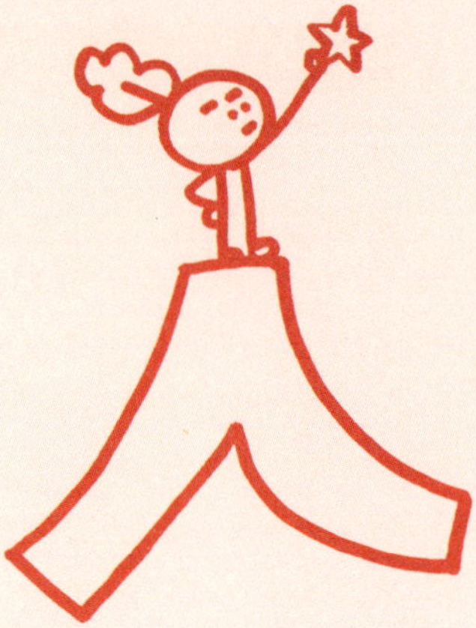

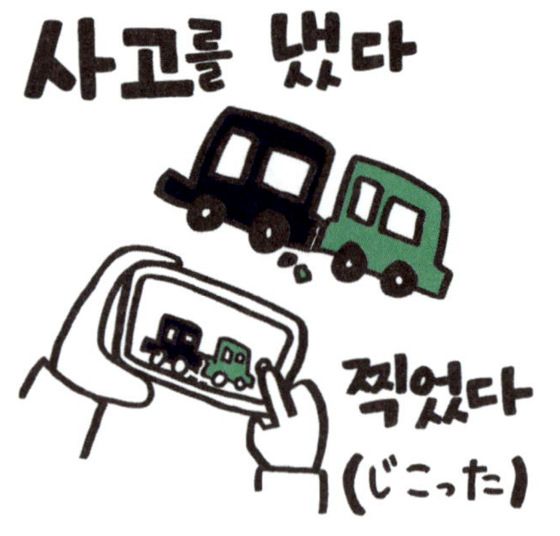

215 | **사고를 냈다**

동사과거형/행동

지 콧 · 타
じこった [事故った]

사고를 냈고 사진을 찍었다.

자동차 사고를 내서 보험 처리하려고 사진을 찍었어요. 근데 안전 확보가 먼저니 사진만 찍고 있으면 안 돼요.

예문

くるま じこ
✖ 車で事故った。
쿠루마데 **지콧 · 타**
→ 차로 **사고를 냈다**.

ひとり じこ
✖ 一人で事故った。
히토리데 **지콧 · 타**
→ 혼자서 **사고를 냈다**.

Tip

원래 'じこ(事故)'는 명사인데 'る'를 붙여서 'じこる(事故る)'라는 동사가 되었어요. 젊은이들이 만들어 사용하다가 보편적으로 많이 쓰이게 됐어요.

명사/과일

링 · 고
りんご

링모양의 사과

아빠가 딸을 위해 사과를 링모양으로 동그랗게 잘라줬어요.

예문

❌ りんごの皮を剥きます。

링 · 고노 카와오 무키마스
→ **사과** 껍질을 깎았어요.

❌ 朝、りんごを食べました。

아사 링 · 고오 타베마시타
→ 아침에 **사과**를 먹었어요.

Tip

이건 경험담인데 저희 아버지는 일본 어린이집 행사 때 사과를 깎을 줄 모르셔서 링모양으로 자르셨어요. 그런데 모양이 신기해서 인기가 좋았어요.

동사/행동

카 우
かう [買う]

cow를 사다.

아저씨가 cow(소)를 샀어요. 옛날에는 집에서 소나 말을 많이 키웠어요. 말은 키우기 어려운데 소는 새끼도 많이 낳아서 키우고 팔면 돈이 됏어요. 그래서 cow(소)를 사는 사람이 많았죠.

예문

❌ 切符を買います。

킵 · 뿌오 카이마스
→ 기차표를 **사요**.

❌ 日本でお菓子を買いました。

니혼 · 데 오카시오 카이마시타
→ 일본에서 과자를 **샀어요**.

Tip

반대말 '팔다'는 'うる(売る)'라고 해요.

명사/감정

아 이
あい [愛]

아이를 사랑하다.

엄마 아빠는 아이를 사랑해요. 이웃집 사람도 사회도 나라도 아이를 사랑해요. 사랑의 대상자는 누구보다 먼저 '아이'예요.

예문

あい かん
愛を感じました。
아이오 칸 · 지마시타
→ **사랑**을 느꼈어요.

はは あい い だい
母の愛は偉大です。
하하노 **아이**와 이다이데스
→ 어머니의 **사랑**은 위대해요.

Tip

'사랑하다'라는 동사는 'あいする(愛する)'예요.

명사/동물

시 카
しか [鹿]

시까만 어둠 속에 사슴 한 마리

밤에 산길을 운전하고 있었는데 시까만(새카만) 어둠 속에 사슴이 나타났어요.

예문

や せい しか み
野生の鹿を見ました。
야세―노 **시카**오 미마시타
→ 야생 **사슴**을 봤어요.

しか つの き つ
鹿の角に気を付けてください。
시카노 츠노니 키오 츠케테 쿠다사이
→ **사슴** 뿔에 조심하세요.

Tip

일본 나라현이나 히로시마현에는 사슴이 사는 곳이 있어요. 귀엽다고 해서 함부로 만지거나 먹이를 주면 안 돼요.

220 | 사이

아 이 다
あいだ [間]

부부 사이의 아이다.

엄마 아빠 사이에 있는 게 아이다. 사이는 '아이다'니까요.

❌ **本と本の間に手紙があります。**
혼·토 혼·노 **아이다**니 테가미가 아리마스
→ 책과 책 **사이**에 편지가 있어요.

❌ **私たちの間に嘘はありません。**
와타시타치노 **아이다**니 우소와 아리마셍·
→ 우리 **사이**에 거짓말은 없어요.

Tip
사람, 물건, 시간, 장소 등 다양한 사이를 말할 때 사용할 수 있어요.

---

221 | 사전

지 쇼
じしょ [辞書]

사전을 가지쇼.

친구가 '사전을 가지쇼(가지시오)'라며 선물해 줬어요. 요즘 사전을 들고 다니는 사람은 많지 않지만 종이로 보면 재미있죠.

❌ **わからない単語を辞書で引く。**
와카라나이 탕·고오 **지쇼**데 히쿠
→ 모르는 단어를 **사전**으로 찾다.

❌ **図書館で辞書を借ります。**
토쇼칸·데 **지쇼**오 카리마스
→ 도서관에서 **사전**을 빌려요.

Tip
'사전을 찾다'는 'じしょをひく(辞書を引く)'라고 해요.

명사/일상생활

나 마 리
なまり [訛り]

난 말이여~, 사투리 안 쓴 당께~

사투리 취재 인터뷰에서 할아버지가 '난 말이여~, 사투리 안 쓴당께~'하면서 사투리를 쓰시네요.

예문

✖ 父はなまりが強いです。

치치와 **나마리**가 츠요이데스
→ 아버지는 **사투리**가 세요.

✖ 日本語なまりの英語を話します。

니홍 · 고 **나마리**노 에ー고오 하나시마스
→ 일본어 **억양**의 영어를 말해요.

Tip

'ほうげん(方言)'이라는 말도 '사투리'라는 뜻으로 지역 사투리를 가리켜요. 'なまり'는 좀 더 넓은 의미로 발음(억양이나 악센트)의 차이를 가리켜요.

동사/상태

스 무
すむ [住む]

스무 살까지 도쿄에서 살았다.

아빠가 도쿄에서 스무 살까지 살던 추억을 회상하고 있어요. 보통 대학교 들어가기 전인 스무 살까지는 같은 곳에서 살죠? 그래서 '살다'는 '스무'예요.

예문

✖ 私はソウルに住んでいます。

와타시와 소우르니 **슨** · **데** 이마스
→ 저는 서울에 **살고** 있어요.

✖ 将来どこに住みたいですか。

쇼ー라이 도코니 **스미타이**데스카
→ 장래 어디에 **살고** 싶어요?

Tip

'살아 있다'등 생명이 유지되어 있는 상태의 '살다'는 'いきる(生きる)'예요.

224 | 삼춘

옷 · 쨩 ·
おっちゃん

삼춘의 옷장

삼춘네 집에 갔더니 옷장을 보여줬어요. 너무 멋있어서 삼춘 같은 어른이 되고 싶다고 생각하고 있어요.

예문

おっちゃんは優しいです。
옷 · 쨩 · 와 야사시ー데스
→ **삼춘**은 친절해요.

おっちゃん、元気？
옷 · 쨩 · 겡 · 키
→ **삼춘**, 잘 지내(요)?

Tip

삼촌은 'おじさん'이라고 해요. 삼촌과 삼춘의 어감 차이는 일본어에도 있어요. 더 친근한 표현은 역시 삼춘(おっちゃん)이에요.

---

225 | 상대

아 이 테
あいて [相手]

상대는 아이 있대?

친구가 소개팅 후에 상대는 '아이 있대?'라고 물어봐요. 요즘 일본은 3쌍에 1쌍이 이혼한다고 하는데 아이가 있고 재혼하는 사람도 많겠죠?

예문

相手の顔を見ながら話します。
아이테노 카오오 미나가라 하나시마스
→ **상대방** 얼굴을 보면서 이야기해요.

今度の対戦相手は誰ですか。
콘 · 도노 타이셍 · 아이테와 다레데스카
→ 이번 대전 **상대**는 누구예요?

Tip

'아이 있대'를 빨리 말하면 발음이 더 자연스러워요.

명사/회사

죠 - 시
じょうし [上司]

상사가 승진해서 **좋으시겠다.**

상사가 승진했나봐요. 참 좋으시겠다.

예문

じょう し　　　　ほうこく
✗ **上司**に**報告**します。
죠ー**시**니 호ー코쿠시마스

→ **상사**에게 보고해요.

　　　　　　　　　　　　じょう し　　き
✗ わからないことは**上司**に**聞**く。
와카라나이코토와 죠ー**시**니 키쿠

→ 모르는 건 **상사**에게 묻는다.

Tip

부하는 'ぶか(部下)'라고 해요. 일본어는 사장, 부장 등 직위를 나타내는 말이 존칭에 해당되기 때문에 따로 '사장[님]'이나 '부장[님]'등 [님]을 붙여서 부르지 않아요.

명사/신체

키 즈
きず [傷]

키즈 카페에서 **상처**

키즈 카페에서 신나게 놀았는지 넘어져서 상처가 생겼어요. 키즈(아이) 때 조그마한 상처는 어쩔 수 없죠.

예문

　　　　　　　が めん　　きず
✗ スマホの**画面**に**傷**がつきました。
스마호노 가멘 · 니 **키즈**가 츠키마시타

→ 스마트폰 화면에 **상처**가 났어요.

　　かのじょ　　　こと ば　　　こころ　　きず
✗ **彼女**の**言葉**が**心**の**傷**になった。
카노죠노 코토바가 코코로노 **키즈**니 낫 · 타

→ 그녀의 말이 마음의 **상처**가 됐다.

Tip

마음의 상처는 'こころのきず(心の傷)'라고 하며 눈에 안 보이는 상처에도 쓸 수 있어요.

명사/동물

토 리
とり [鳥]

새가 도리토스를 먹다.

새가 과자 도리토스를 먹고 있어요. 맛있나 봐요. 하지만 새에게 과자를 주면 안 돼요.

예문

とり こえ き
鳥の声が聞こえます。
토리노 코에가 키코에마스
→ **새**소리가 들려요.

わたし とり か
私は鳥を飼っています。
와타시와 **토리**오 캇 · 테 이마스
→ 저는 **새**를 키우고 있어요.

Tip
닭은 'にわとり(鶏)'라고 하고 'にわ'는 마당이라는 뜻이에요.

い형용사/상태

아 타 라 시 -
あたらしい [新しい]

새로운 노래입니다. 아〜 따라하시오.

학교 음악 시간에 새로운 노래를 배우고 있어요. 선생님이 '아〜 따라하시오'라고 하면서요.

예문

あたら か
新しいパソコンを買いました。
아타라시ー 파소콩 · 오 카이마시타
→ **새로운** 컴퓨터를 샀어요.

あたら
これは新しいかばんです。
코레와 **아타라시**ー 카방 · 데스
→ 이것은 **새로운** 가방이에요.

Tip
노래 뿐만 아니라 새로운 일은 잘 따라해야 빨리 습득이 된다고 생각하며 외워보세요.

230 | 생각하다①

동사/행동

오 모 -
おもう [思う]

어머니를 생각해서 울다.

독립해서 혼자 살고 있어요. 어머니 생각에 울고 있네요. 어른이 돼도 엄마 생각에 눈물이 나곤 하죠.

예문

✘ 私もそう思います。
와타시모 소ー 오모이마스
→ 저도 그렇게 생각해요.

✘ きっと合格すると思います。
킷 · 토 고ー카쿠스루토 오모이마스
→ 분명 합격할 거라고 생각해요.

 Tip

'おもう(思う)'의 한자에는 마음 심(心)이 들어있어요. 감정이나 마음으로 생각한다는 뉘앙스로 기억해 주세요.

---

231 | 생각하다②

동사/행동

캉 · 가에루
かんがえる [考える]

강가에서 생각하다.

고민이 있는지 여자가 강가에서 생각해요. 자연 속에서 생각하면 뭔가 해결책이 나올 거 같아요.

예문

✘ 将来について考えます。
쇼ー라이니 츠이테 캉 · 가에마스
→ 장래에 대해서 생각해요.

✘ 健康を考えて料理を作ります。
켕 · 코ー오 캉 · 가에테 료ー리오 츠쿠리마스
→ 건강을 생각해서 요리를 만들어요.

 Tip

그림을 보면 머리에 손을 대고 생각하고 있죠? 논리적으로 생각할 때 'かんがえる(考える)'를 많이 써요.

232 | 생선

사 카 나
さかな [魚]

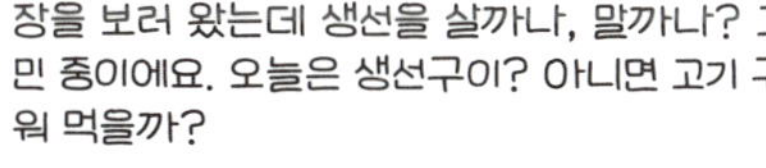
생선 살까나, 말까나?

장을 보러 왔는데 생선을 살까나, 말까나? 고민 중이에요. 오늘은 생선구이? 아니면 고기 구워 먹을까?

こん や　　さかなりょう り
今夜は魚料理です。
콩・야와 **사카나** 료ー리데스
→ 오늘 저녁은 생선 요리예요.

にく　　さかな　　　　　　　　す
肉と魚とどちらが好きですか。
니쿠토 **사카나**토 도치라가 스키데스카
→ 고기랑 생선이랑 어느 쪽을 좋아해요?

Tip

한국어는 '물고기'과 '생선' 차이가 있지만, 일본어는 모두 다 'さかな(魚)'예요.

---

233 | 생일

탄 · 죠 ー 비
たんじょうび [誕生日]

생일에 단 초콜릿 비스켓을 받았다.

생일 선물로 단 초콜릿 비스킷을 받았어요. 요즘 맛있는 초콜릿이 많죠? 단것을 좋아하는 친구에게 선물로 주기 좋을 거 같아요.

たんじょう び
誕生日プレゼントをもらった。
탄・죠ー비 프레젠・토오 모랏・타
→ 생일 선물을 받았다.

わたし　　たんじょう び　　　　がつ
私の誕生日は６月です。
와타시노 **탄・죠ー비**와 로쿠가츠데스
→ 제 생일은 6월이에요.

Tip

'생일 축하해'는 'たんじょうびおめでとう(誕生日おめでとう)'라고 해요.

い형용사/상태

스 즈 시 -
すずしい [涼しい]

서늘한 곳의 소주 시원해.

서늘한 곳에 소주를 보관해서 소주가 시원해요.

예문

× 涼しい場所に保管してください。
스즈시- 바쇼니 호칸 · 시테 쿠다사이
→ 서늘한 곳에 보관해 주세요.

× 軒下は涼しいです。
노키시타와 스즈시-데스
→ 처마 밑은 서늘해요.

Tip

'すずしい(涼しい)'에는 '시원하다'라는 뜻도 있어
요. '소주'의 '소'를 거꾸로 해서 '수주시-'로 발음
하면 좀 더 자연스러워요.

동사/행동

타 츠
たつ [立つ]

다트에 서다.

다트게임을 하기 위해 자리에 서 있어요. 다트
에서는 바르게 서는 자세가 중요하죠.

예문

× 椅子に座らないで立つ。
이스니 스와라나이데 타츠
→ 의자에 앉지 않고 서다.

× 交差点に警察官が立っています。
코-사텐 · 니 케-사츠캉 · 가 탓 · 테 이마스
→ 교차로에 경찰관이 서 있어요.

Tip

'앉다'는 'すわる(座る)'예요.

동사/행동

이 소 구
いそぐ［急ぐ］

이송하는 구급차가 서두르다.

서두르는 상황은 많지만 환자를 이송하는 구급차는 늘 서두르고 있어요. 빨리 빨리~

예문

✖ でんしゃ じ かん　　いそ
電車の時間があるので急ぎます。
덴 · 샤노 지캉 · 가 아루노데 **이소기마스**
→ 열차 시간이 있어서 **서둘러요.**

✖ いそが　　　　いそ
忙しいので急いでください。
이소가시ー노데 **이소이데** 쿠다사이
→ 바쁘니까 **서둘러** 주세요.

🌱 **Tip**

비슷한 뜻으로 '바쁘다'는 'いそがしい(忙しい)'라고 해요. 시간적으로 빨리 해야 하는 상황은 '서두르다', 일이 많은 상황은 '바쁘다'예요.

명사/장소

홍 · 야
ほんや［本屋］

서점에서 혼났어, 야~!

서점에서 책을 찍었는데 혼났어요. '야~!'하고요. 책 내용을 찍어서 인터넷에 올리면 저작권 문제가 있을 수 있기 때문에 조심해야 해요.

예문

✖ しゅうまつ　 ほん や 　い
週末、本屋に行きます。
슈ー마츠 홍 · **야**니 이키마스
→ 주말에 **서점**에 가요.

✖ ほん や 　まん が 　か
本屋で漫画を買いました。
홍 · **야**데 망 · 가오 카이마시타
→ **서점**에서 만화를 샀어요.

🌱 **Tip**

한국어 발음으로 '혼야'를 빨리 말하면 '호냐'가 되지만, 일본어로는 '혼, 야'처럼 끊어서 따로 따로 발음해야 돼요.

238 | 석류

자 쿠 로
ざくろ

자꾸 석류로 만든 로션을 발라요.

미녀는 석류를 좋아한다는 말이 있죠? 예뻐지고 싶어서 자꾸 석류로 만든 로션을 바르게 되네요.

예문

✘ ざくろのジュースを飲みます。
자쿠로노 쥬―스오 노미마스
→ 석류 주스를 마셔요.

✘ ざくろは種が多いです。
자쿠로와 타네가 오―이데스
→ 석류는 씨가 많아요.

Tip

석류는 한국에서도 일본에서도 음료수로 많이 마셔요.

---

239 | 섞다/비비다

마 제 루
まぜる [混ぜる]

마마가 젤을 섞다.

미용에 신경을 쓰는 마마가 젤을 섞고 있어요. 줄여서 '마젤'

예문

✘ 納豆を混ぜます。
낫·토―오 마제마스
→ 낫토를 섞어요.

✘ よく混ぜてください。
요쿠 마제테 쿠다사이
→ 잘 섞어 주세요.

Tip

'비비다'도 'まぜる(混ぜる)'라고 해요. 일본어는 '섞다'와 '비비다'를 'まぜる'라고 하니 일본 사람들은 한국어 배울 때 두 단어를 구별하기 어려워해요.

240 | 선물(특산품)

명사/일상생활

おみやげ [お土産]
오 미 야 게

선물 사자. 애미야 게 살까?

홋카이도에 가서 시어머니와 선물을 고르고 있어요. 시어머니가 '애미야 게 살까?'라고 하셔서 게를 샀어요.

예문

✗ お土産を買ってきました。
오미야게오 캇 · 테 키마시타

→ 선물(특산품)을 사왔어요.

✗ これは韓国のお土産です。
코레와 캉 · 코쿠노 오미야게데스

→ 이건 한국 선물(특산품)이에요.

Tip

'おみやげ(お土産)'는 일반적인 선물이 아니라 여행을 다녀온 후 그 지역의 특산품을 선물로 할 때 쓰는 말이에요.

---

241 | 선반

명사/일상생활

たな [棚]
타 나

선반에 다 놔.

학교에서 선생님이 학생에게 '선반에 다 놔'라고 하고 있어요. 선반은 물건을 정리할 때 편리하죠? 그냥 있는 거 다 놔요.

예문

✗ 棚の整理をします。
타나노 세ー리오 시마스

→ 선반 정리를 해요.

✗ 棚の中に本があります。
타나노 나카니 홍 · 가 아리마스

→ 선반 안에 책이 있어요.

Tip

일본어 속담 중에 'たなぼた(棚ぼた)'라는 말이 있어요. 'ぼた'는 떡인데 선반에서 떡이 떨어졌다는 뜻으로 뜻밖의 행운을 의미해요.

242 | 선생님

명사/직업

센 · 세 –
せんせい [先生]

센세이션한 MZ 선생님

새로 온 선생님은 젊은 MZ 선생님인데 센세이션해요. 가르치는 방법이 색다르네요.

예문

❌ しょうらいの夢は先生です。
쇼ー라이노 유메와 **센 · 세ー**데스
→ 장래 꿈은 **선생님**이에요.

❌ 担任の先生に聞きます。
탄 · 닝 · 노 **센 · 세ー**니 키키마스
→ 담임 **선생님**한테 물어봐요.

Tip

실제 발음은 '센세~'라고 길게 말하면 돼요.

---

243 | 설마

부사

마사카
まさか

설마 마 살까?

한국의 파전과 비슷한 일본의 오코노미야키는 마를 갈아 넣어 만들어요. 처음 듣는 사람은 '마 살까?'라는 말에 '설마~!?' 하겠죠?

예문

❌ まさかそんなはずないでしょう？
마사카 손 · 나 하즈 나이데쇼ー
→ **설마** 그럴 일이 없잖아요?

❌ まさか合格するとは思わなかった。
마사카 고ー카쿠스루토와 오모와나캇 · 타
→ **설마** 합격할 줄 몰랐다.

Tip

오코노미야키는 오사카식과 히로시마식이 있어요. 한국에서 먹을 수 있는 건 주로 오사카식이에요. 히로시마식에는 면이 들어가요.

명사/음식

さとう [砂糖]
사 토 -

사또는 설탕을 좋아한다.

옛날에는 지금보다 설탕이 귀했기 때문에 사또도 설탕을 좋아했겠죠? 사또가 아니라도 좋아했겠지만요.

예문

✖ コーヒーに砂糖を入れます。
코ー히ー니 **사토ー**오 이레마스
→ 커피에 설탕을 넣어요.

✖ 砂糖が切れたので買ってきます。
사토ー가 키레타노데 캇·테 키마스
→ 설탕이 떨어졌으니 사 올게요.

Tip

실제로는 '사또~'라고 길게 하면 더 자연스러워요.

명사/일상생활

みょうじ [苗字]
묘 - 지

성을 묘지에 새겼다.

일본은 결혼하면 부부가 성을 하나로 통일하기 때문에 가족이 모두 같은 성이에요. 그래서 묘지에 가면 성이 새겨져 있어요.

예문

✖ 苗字は何ですか。
묘ー지와 난 · 데스카
→ 성은 뭐예요?

✖ 苗字と名前を書きます。
묘ー지토 나마에오 카키마스
→ 성과 이름을 써요.

Tip

일본인의 성은 30만 이상 종류가 있다고 해요. 정말 다양하고 많아요.

명사/음식

うに
우 니

성게 먹고 우니?

초밥집에서 성게를 먹고 맛있어서 울고 있어요. 같이 간 친구는 '우니?'라고 물어보네요. 일본에서도 성게는 비싸고 귀한 음식이니 먹으면 감동해서 울 수도 있겠죠?

예문

✖ 寿司屋でうにを頼みました。
스시야데 **우니**오 타노미마시타
→ 초밥집에서 **성게**를 시켰어요.

✖ 市場でうにを買います。
이치바데 **우니**오 카이마스
→ 시장에서 **성게**를 샀어요.

Tip

회전초밥은 'かいてんずし(回転寿司)'라고 해요.

な형용사/성격

まじめだ [真面目だ]
마 지 메 다

매 맞으면 성실해 진다.

학생이 성실하게 공부하고 있어요. 옆에 무섭게 생긴 선생님이 매를 들고 지켜보고 있네요. 과연 매 맞으면 성실해 질까요?

예문

✖ その先生は真面目です。
소노 센·세―와 **마지메데스**
→ 그 선생님은 **성실해요**.

✖ 彼氏は真面目で優しいです。
카레시와 **마지메데** 야사시―데스
→ 남자 친구는 **성실하고** 착해요.

Tip

한국의 '사랑의 매'라는 말처럼 일본에도 'あいのむち(愛の鞭)'라는 말이 있어요. 하지만 요즘은 아동 학대를 우려하는 사회 분위기 속에서 학교나 가정에서 아이들의 처벌은 금기시되고 있어요.

248 | 소금

명사/음식

시 오
しお [塩]

소금을 넣으시오.

설렁탕에는 소금을 넣으시오. 조금 싱거운지 소금을 넣고 있어요.

예문

❌ きゅうりに塩をつけて食べます。
큐ー리니 **시오**오 츠케테 타베마스
→ 오이에 **소금**을 찍어서 먹어요.

❌ 塩と砂糖を間違えて入れました。
시오토 사토ー오 마치가에테 이레마시타
→ **소금**이랑 설탕을 잘 못 넣었어요.

Tip

'짜다'는 'しおからい(塩辛い)'나 'しょっぱい'라고 해요.

---

249 | 소문

명사/ 일상생활

우 와 사
うわさ [噂]

우와 그 소문이 사실이야?

모여서 소문에 대해서 이야기하고 있어요. '우와 사실이야?!'하면서요.

예문

❌ 社員の間に噂が広まった。
샤인 · 노 아이다니 **우와사**가 히로맛 · 타
→ 사원 사이에 **소문**이 퍼졌다.

❌ その噂は本当ですか。
소노 **우와사**와 혼 · 토ー데스카
→ 그 **소문**은 진짜예요?

Tip

일본 속담에 'ひとのうわさもしちじゅうごにち(人の噂も75日:사람의 소문도 75일)'라는 말이 있어요. 소문은 머지않아 잊힌다는 뜻이에요.

명사/음식

타 레
たれ

소스가 짜면 물 타래.

소스는 가끔 내 취향보다 짤 때가 있죠? 가게에서 준 소스가 짜면 물 타래요.

예문

❌ スーパーでたれを買います。
스ー파ー데 **타레**오 카이마스
→ 슈퍼에서 <u>소스</u>를 사요.

❌ 焼肉にたれをつけて食べます。
야키니쿠니 **타레**오 츠케테 타베마스
→ 고기에 <u>소스</u>를 찍어서 먹어요.

Tip

소스는 'ソース'라고도 해요. 요리할 때 쓰는 양념장이나 고기 찍어 먹는 소스는 'たれ'라고 해요.

명사/일상생활

엔 · 소 쿠
えんそく [遠足]

소풍 와서 앤 소꿉놀이 하네.

어린이집에서 소풍 왔는데 선생님이 '앤 소꿉놀이 하네'하고 아이를 보고 있어요.

예문

❌ 明日は遠足です。
아시타와 **엔 · 소쿠**데스
→ 내일은 <u>소풍</u>이에요.

❌ 春の遠足が楽しみです。
하루노 **엔 · 소쿠**가 타노시미데스
→ 봄 <u>소풍</u>이 기대돼요.

Tip

'소풍을 가다'는 'えんそくにいく(遠足に行く)'라고 해요.

252 | 손

명사/신체

테
て [手]

손 떼!

미술관에서 아이가 그림에 손을 댔더니 큐레이터가 '손 떼!'라고 했어요.

예문

て　あら
× 手を洗います。
테오 아라이마스
→ **손**을 씻어요.

て　あ
× 手を挙げてください。
테오 아게테 쿠다사이
→ **손**을 들어주세요.

Tip

손가락은 'ゆび(指)'라고 해요. 손바닥은 'てのひら(手のひら)', 손등은 'てのこう(手の甲)'라고 해요.

---

253 | 손님

명사/일상생활

캬 쿠
きゃく [客]

캬~ 자꾸 오는 손님

가게에서 일을 하다 보면 마음에 드는 손님도 있겠죠? 직원이 '캬~ 자꾸 오는 손님'이라고 하며 얼굴이 빨개졌어요.

예문

きょう　　　きゃく　　　おお
× 今日はお客さんが多いです。
코-와 오캬쿠상・가 오-이데스
→ 오늘은 **손님**이 많아요.

きゃくさま
× お客様、こちらへどうぞ。
오캬쿠사마 코치라에 도-조
→ **손님** 이쪽으로 오세요.

Tip

손님을 부를 때는 'おきゃくさま(お客様)'나 'おきゃくさん(お客さん)'이라고 해요.

254 | 수리

슈 ー 리
しゅうり [修理]

슈퍼맨이 수리한다.

장난감이 고장 나서 우는 아이에게 슈퍼맨이 날아와서 수리해 줬어요. 수리를 잘하는 사람은 하늘을 날지 못해도 슈퍼맨처럼 보이겠죠?

예문

 車を修理します。
쿠루마오 **슈ー리**시마스
→ 차를 **수리**해요.

 パソコンを修理してください。
파소콩・오 **슈ー리**시테 쿠다사이
→ 컴퓨터를 **수리**해 주세요.

Tip

한자어라 발음이 비슷하지만 확실하게 발음을 외우기 위한 그림이에요.

---

255 | 수박

스 이 카
すいか

약 먹어서 쓰니까 수박 먹어.

한약을 먹었는데 쓰니까 수박을 먹었어요.

예문

 冷蔵庫にすいかがあります。
레ー조ー코니 **스이카**가 아리마스
→ 냉장고에 **수박**이 있어요.

夏はすいかがおいしいです。
나츠와 **스이카**가 오이시ー데스
→ 여름에는 **수박**이 맛있어요.

Tip

일본에는 여름에 수박을 깨는 행사 'すいかわり(스이카割り)'가 있어요.

256 | 수영

명사/운동

스 이 에 -
すいえい [水泳]

수영 했으예~

할아버지가 수영장에서 '수영 했으예~' 하면서 나왔어요.

わたし　すいえい　とくい
私は水泳が得意です。
와타시와 **스이에ー**가 토쿠이데스
→ 저는 **수영**을 잘해요.

なつ　すいえい　じゅぎょう
夏は水泳の授業があります。
나츠와 **스이에ー**노 쥬교ー가 아리마스
→ 여름에는 **수영** 수업이 있어요.

Tip

일본은 초 · 중 · 고등학교에는 수영장이 있어서 체육시간에 수영을 배워요. 수영장은 'プール'라고 해요.

---

257 | 숟가락

명사/식사

사 지
さじ [匙]

숟가락 사지?

이건 경험담인데 아들이 일본 초등학교 들어갈 때 준비물에 젓가락이 있어서 숟가락도 사려고 했어요. 하지만 일본은 기본적으로 젓가락만 써요.

おお　　　いっぱい い
大さじ一杯入れます。
오ー**사지** 입 · 빠이 이레마스
→ 큰 **술** 한 잔 넣어요. (한 큰 술 넣어요)

こ　　　はんぶん　　じゅうぶんあま
小さじ半分で十分甘いです。
코**사지** 함 · 붕 · 데 쥬ー붕 · 아마이데스
→ 작은 **술** 반만 넣어도 충분히 달아요.

Tip

'さじ'는 '큰 술=おおさじ', '작은 술=こさじ'을 표현할 때 많이 써요. 보통 숟가락을 말할 때는 'スプーン'이라고 해요.

258 | 술

사 케
さけ [酒]

오늘 **술**은 내가 **살게.**

상사와 술을 마셨는데 '술은 내가 살게'라고 했어요. 술은 더치페이도 있지만 누가 살 때도 많죠.

 예문

 祖父は酒が好きです。
소후와 **사케**가 스키데스
→ 할아버지는 **술**을 좋아해요.

日本で酒を買いました。
니혼·데 **사케**오 카이마시타
→ 일본에서 **술**을 샀어요.

Tip

일본 청주는 'にほんしゅ(日本酒)'라고 해요.

---

259 | 숲

모 리
もり [森]

숲에 우두머리가 있다.

숲에도 서열이 있어 우두머리가 있어요. 여기 숲의 우두머리는 늑대인가봐요.

예문

森を守ります。
모리오 마모리마스
→ **숲**을 지켜요.

森に動物がたくさんいます。
모리니 도ー부츠가 타쿠상·이마스
→ **숲**에 동물이 많이 있어요.

Tip

숲은 'はやし(林)'라고도 해요. 같은 종류의 나무가 모여 있거나 자연적이지 않은 사람이 관리하는 숲을 말해요.

명사/일상생활

야 스 미
やすみ [休み]

쉬는 날엔 야~ 숨이 트인다.

쉬는 날에 바다에 가서 '야~ 숨이 트인다'라
고 했어요. 쉬는 날이면 특별히 멀리 나가지 않
아도 '야~ 숨이' 트이죠?

예문

✖ 明日は休みです。
아시타와 **야스미**데스
→ 내일은 **쉬는 날**이에요.

✖ あのお店の休みは月曜日です。
아노 오미세노 **야스미**와 게츠요ー비데스
→ 그 가게의 **쉬는 날**은 월요일이에요.

Tip

여름 방학은 'なつやすみ(夏休み)', 겨울 방학은 'ふ
ゆやすみ(冬休み)'라고 해요.

동사/행동

야 스 무
やすむ [休む]

야! 숨어서 좀 쉬자.

학교에서 선생님 몰래 '야 숨어서 좀 쉬자'라
고 하면서 친구랑 쉬고 있어요.

예문

✖ 風邪を引いて会社を休みます。
카제오 히ー테 카이샤오 **야스미**마스
→ 감기에 걸려서 회사를 **쉬어요**.

✖ 昨日は一日中家で休みました。
키노ー와 이치니치쥬ー 이에데 **야스미**마시타
→ 어제는 하루 종일 집에서 **쉬었어요**.

Tip

'땡땡이 치다'는 'さぼる'라고 해요.

262 | 슬슬

부사

소 로 소 로
そろそろ

서로서로 슬슬

데이트를 하다가 시간이 늦어져서 '슬슬…'이라고 서로서로 말하며 헤어지려고 하고 있어요. '슬슬'이라 동시에 말하는 것 보니 서로 비슷한 생각을 하고 있는 거겠죠?

예문

 そろそろ家に帰りましょう。
소로소로 이에니 카에리마쇼ー
→ **슬슬** 집에 갑시다.

 そろそろ子供が帰る時間です。
소로소로 코도모가 카에루 지캉・데스
→ **슬슬** 아이가 돌아오는 시간이에요.

Tip

서로는 'おたがいに(お互いに)'라고 해요.

---

263 | 시간

명사/시간

지 캉 ・
じかん [時間]

도쿄 직항 시간 몇 시지?

공항에서 도쿄 직항 시간을 보면서 달리고 있어요. 일본 여행은 거의 직항이니 '직항 시간'으로 외워보세요.

예문

 時間を守ってください。
지캉・오 마못・테 쿠다사이
→ **시간**을 지켜 주세요.

 忙しくて時間がありません。
이소가시쿠테 **지캉**・가 아리마셍・
→ 바빠서 **시간**이 없어요.

Tip

'몇 시예요?'는 'なんじですか(何時ですか)'라고 해요.

명사/물건

토 케 -
とけい [時計]

시계를 보면서 **독해** 문제를 푼다.

수험생이 가장 많이 보는 건 시계 아닐까요? 특히 독해 문제는 시계를 보면서 시간 분배를 잘해야 하죠.

예문

きょうしつ　とけい
✖ 教室に時計がありません。
코ー시츠니 **토케ー**가 아리마셍 ·

→ 교실에 **시계**가 없어요.

し けんよう　　とけい　か
✖ 試験用に時計を買いました。
시켕 · 요ー니 **토케ー**오 카이마시타

→ 시험용으로 **시계**를 샀어요.

Tip

'독해~'라고 길게 발음하면 더 자연스러워요.

い형용사/상태

우 루 사 이
うるさい

울 사이는 **시끄럽다**.

부부가 싸우고 있어요. 울(우리) 사이는 시끄럽다고 하는 거 보니 스스로도 아나봐요.

예문

こう じ　　おと
✖ 工事の音がうるさいです。
코ー지노 오토가 **우루사이**데스

→ 공사 소리가 **시끄러워요**.

そと　　　　　　　　ねむ
✖ 外がうるさくて眠れません。
소토가 **우루사쿠**테 네무레마셍 ·

→ 밖이 **시끄러워서** 못 자요.

Tip

'울'를 '우루'라고 하면 더 자연스러워요.

266 | 시다

습 · 빠이
すっぱい [酸っぱい]

스파이가 신 레모네이드를 마신다.

스파이가 카페에서 신 레모네이드를 마시고 있어요. 단맛은 없고 셔서 인상이 찌푸려지네요.

> **예문**

✖ レモンは酸っぱいです。
레몽 · 와 **습 · 빠이**데스
→ 레몬은 **셔요.**

✖ 酸っぱい食べ物が好きです。
습 · 빠이 타베모노가 스키데스
→ **신** 음식을 좋아해요.

> **Tip**
>
> 초밥을 일본어로 '스시'라고도 하잖아요? 스시의 '스'는 'すっぱい(酸っぱい)'의 'す'예요.

---

267 | 시작하다

하 지 마 루
はじまる [始まる]

드라마야 시작하지 마러~

드라마를 보는 중에 중간 광고를 해요. 이 틈을 타서 얼른 화장실을 가야죠. '드라마야 나 올 때까지 시작하지 마러(말어)~'

> **예문**

✖ 夜9時からドラマが始まります。
요루 쿠지카라 도라마가 **하지마리마스**
→ 밤 9시부터 드라마가 **시작해요.**

✖ また喧嘩が始まりました。
마타 켕 · 카가 **하지마리마시타**
→ 또 싸움이 **시작됐어요.**

> **Tip**
>
> 스스로 무언가를 시작할 때는 'はじめる(始める)'를 써요.

しょくどう [食堂]
쇼 쿠 도 –

명사/장소

식당에 갔더니 쇼크도 크다.

식당에서 먹은 음식의 맛이 집에서 먹던 맛과 달라서 놀란 적 있지 않나요? 엄마가 해 준 맛과 달리 너무 맛있어서 '쇼크도 크다…!'

예문

× ランチは会社の食堂で食べよう。
란·치와 카이샤노 **쇼쿠도**—데 타베요—
→ 점심은 회사 **식당**에서 먹자/먹어야지.

× 寮の食堂は安くておいしいです。
료—노 **쇼쿠도**—와 야스쿠테 오이시—데스
→ 기숙사 **식당**은 싸고 맛있어요.

Tip

'쇼크도~'라고 길게 발음하면 더 자연스러워요. 한국에서도 유명한 드라마 '심야식당'은 'しんやしょくどう(深夜食堂)'라고 해요.

しょくじ [食事]
쇼 쿠 지

명사/일상생활

식사가 이것 밖에 없어?! 쇼크지?

한국 급식과 비교해서 일본 급식을 보면 양도 반찬 수도 적어서 이게 정말 한 끼 식사인지 믿지 못 할 정도예요. 엄마가 '쇼크지?'라고 하는 게 이해가 되네요.

예문

× 明日、一緒に食事しませんか。
아시타 잇·쇼니 **쇼쿠지**시마셍·카
→ 내일 같이 **식사**하지 않을래요?

× 昨日は社長と食事しました。
키노—와 샤쵸—토 **쇼쿠지**시마시타
→ 어제는 사장님과 **식사**했어요.

Tip

급식은 'きゅうしょく(給食)'라고 해요.

270 | 신기하다

な형용사/상태

후 시 기 다
ふしぎだ [不思議だ]

신기한 후식이다.

한국에 처음 와서 신기했던 게 식사 후에 매실차가 후식으로 나오는 거였어요. '후식이다~' 라고 하면서 신기해했던 기억이 있네요.

예문

溶けないアイスなんて不思議だ。
토케나이 아이스난·테 **후시기다**
→ 녹지 않는 아이스크림이라니 **신기하다**.

不思議なマントをもらいました。
후시기나 망·토오 모라이마시타
→ **신기한** 망토를 받았어요.

Tip
후식은 'デザート'라고 해요.

---

271 | 신다

동사/행동

하 쿠
はく [履く]

학생은 실내화를 신다.

학생이 실내화를 신으려고 해요. 일본에서도 학교마다 실내화가 있고 교내에서는 실내화를 신어요. 한국과 다른 점은 신발장이 학교에 들어가자 있답니다.

예문

夏にはサンダルを履きます。
나츠니와 산·다루오 **하키마스**
→ 여름에는 샌들을 **신어요**.

靴を履いて出かけます。
쿠츠오 **하이테** 데카케마스
→ 신발을 **신고** 외출해요.

Tip
일본어는 신발이나 양말 외에도 바지나 치마도 'はく(履く:신다)'로 표현해요. 상의나 겉옷은 'きる(着る:입다)'라고 합니다.

명사/일상생활

심·붕·
しんぶん [新聞]

신문을 보고 **신분**을 알게 되다.

신문을 보면 이름 뿐만 아니라 직위도 나오죠? 이렇게 신분이 높다니...

예문

× 毎日、新聞を読みます。
마이니치 **심·붕·**오 요미마스
→ 매일 **신문**을 읽어요.

× 新聞でニュースを知りました。
심·분·데 뉴ー스오 시리마시타
→ **신문**으로 뉴스를 알았어요.

Tip

신문 기사는 'しんぶんきじ(新聞記事)'라고 해요. 일본도 요즘은 신문을 인터넷으로 많이 봐요.

명사/일상생활

쿠 츠
くつ [靴]

신발을 샀더니 **굿즈**가 들어있다.

아이가 요즘 인기인 히어로 신발을 샀더니 굿즈도 같이 들어있어요.

예문

× 新しい靴がほしいです。
아타라시ー **쿠츠**가 호시ー데스
→ 새로운 **신발**을 갖고 싶어요.

× 靴を脱いで入ってください。
쿠츠오 누이데 하·잇테 쿠다사이
→ **신발**을 벗고 들어가세요.

Tip

구두와 한자가 같은데 일본에서 'くつ(靴)'는 한국어의 '신발'과 비슷한 광범위한 의미로 사용해요.

な형용사/상태

신 · 센 · 다
しんせんだ [新鮮だ]

신선하면 **생**으로 먹을 수 있**다.**

신선한 회를 맛보고 있어요. 신선하니까 생으로 먹을 수 있죠?

예문

❌ このお店は魚が新鮮です。
코노 오미세와 사카나가 **신 · 센 · 데스**
→ 이 가게는 생선이 **신선해요**.

❌ 野菜が新鮮でおいしいです。
야사이가 **신 · 센 · 데** 오이시ー데스
→ 채소가 **신선하고** 맛있어요.

Tip

식재료의 신선함은 물론 아이디어나 생각 같은 신선함에도 쓸 수 있어요.

い형용사/상태

야 스 이
やすい [安い]

야, 수요일 **싸대**!

마트에 가니까 아줌마가 '야! 수요일이 싸대~'하고 같이 온 가족을 부르고 있어요.

예문

❌ 韓国は日本より交通費が安い。
캉 · 코쿠와 니홍 · 요리 코ー츠ー히가 **야스이**
→ 한국은 일본보다 교통비가 **싸다**.

❌ 安い服を買いました。
야스이 후쿠오 카이마시타
→ **싼** 옷을 샀어요.

Tip

일본은 정해진 요일마다 세일을 하는 마트가 많아요. 수요일에 싸게 파는 마트도 있어요.

276 | 쌀

명사/음식

코 메
こめ [米]

곰에게 쌀을 준다.

산에서 곰이 내려와 쌀을 달라고 해요. 요즘 일본에서 산에 식량이 없어서 내려오는 곰들이 많아요.

예문

✖ スーパーで米を買います。

스－파－데 **코메**오 카이마스
→ 슈퍼에서 **쌀**을 사요.

✖ 米でパンを作りました。

코메데 팡 · 오 츠쿠리마시타
→ **쌀**로 빵을 만들었어요.

☃ **Tip**

밥은 'ごはん(ご飯)'이라고 해요.

---

277 | 썰매

명사/일상생활

소 리
そり

썰매 소리가 들린다.

산타 할아버지가 썰매를 타고 오는데 소리가 들려요.

예문

✖ 冬はそりで遊びます。

후유와 **소리**데 아소비마스
→ 겨울은 **썰매**로 놀아요.

✖ お父さんがそりをくれました。
오토－상 · 가 **소리**오 쿠레마시타
→ 아빠가 **썰매**를 줬어요.

☃ **Tip**

산타 할아버지는 'サンタのおじさん'이라고 하고 '산타 아저씨'라는 뜻이에요.

278 | (글씨를) 쓰다

카 쿠
かく [書く]

연필 깎고 써~

글씨 쓸 때 중요한 건 연필의 뾰족함이죠. '잘 깎구 써~'라고 엄마가 말해요.

예문

 先生は字をきれいに書きます。
센 · 세ー와 지오 키레ー니 **카키마스**

→ 선생님은 글씨를 예쁘게 **써요.**

 名前を書いてください。
나마에오 **카이테** 쿠다사이

→ 이름을 **써** 주세요.

Tip

'(그림을) 그리다'도 'かく(描く)'라고 하는데 한자가 달라요.

---

279 | (모자나 가발을) 쓰다

카 부 루
かぶる

가발 쓰고 까불지 마.

동생이 누나의 가발을 쓰면서 까불고 있어요. 가발이나 모자나 변신 굿즈를 쓸 때는 까불 때가 많죠.

예문

 暑い日は帽子をかぶります。
아츠이 히와 보ー시오 **카부리마스**

→ 더운 날은 모자를 **써요.**

帽子をかぶって出かけます。
보ー시오 **카붓 · 테** 데카케마스

→ 모자를 **쓰고** 외출해요.

Tip

'내숭을 떨다'라는 표현은 'ねこをかぶる(猫をかぶる)'라고 하는데 직역하면 '고양이를 쓰다'예요.

280 | 쓰레기

고 미
ごみ

쓰레기 문제를 **고민**하다.

쓰레기가 너무 많이 쌓여 더이상 버릴 곳이 없어서 고민이에요. 쓰레기 문제는 항상 고민이 많아요.

예문

❌ ごみはごみ箱に捨てます。
고미와 고미바코니 스테마스
→ **쓰레기**는 쓰레기통에 버려요.

❌ ごみを減らします。
고미오 헤라시마스
→ **쓰레기**를 줄여요.

Tip
쓰레기통은 'ごみばこ(ゴミ箱)'라고 해요.

---

281 | 쓸데없다

무 다 다
むだだ [無駄だ]

쓸데없는 무다.

무가 시들어서 쓸데없어요. 이건 쓸데없는 무라 다른 무를 써야겠어요.

예문

❌ 何回言っても無駄です。
낭・카이 잇・테모 **무다데스**
→ 몇 번 말해도 **쓸데없어요**.

❌ 無駄な時間だった。
무다나 지캉・닷・타
→ **쓸데없는** 시간이었다.

Tip
맨 뒤의 'だ'를 하나 빼서 '무だ(無駄)'만으로도 쓰는 것 알아두세요!

명사/자연

타 네
たね [種]

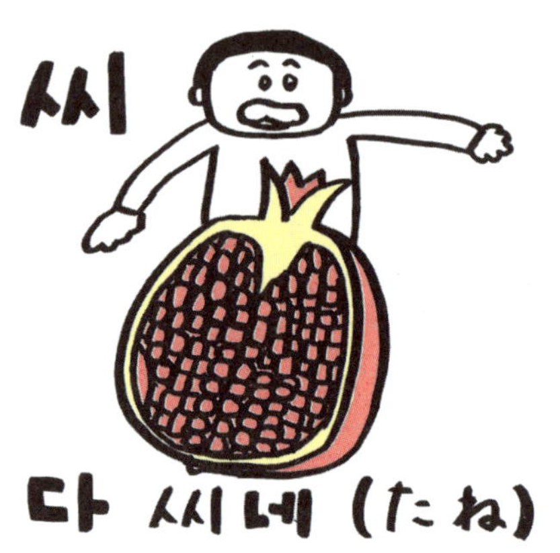

다 씨네.

석류는 까보면 씨가 빼곡해요. '다 씨네...'라는 말이 나오지만 씨가 많은 만큼 과육도 많아서 맛있어요.

예문

 すいかの種で遊びます。
스이카노 **타네**데 아소비마스
→ 수박의 씨로 놀아요.

 種を取ってから食べてください。
타네오 톳 · 테카라 타베테 쿠다사이
→ 씨를 빼고 나서 먹으세요.

Tip

석류는 'ざくろ(ザクロ)'라고 해요.

명사/운동

스 모 －
すもう [相撲]

씨름 선수 뒤에 숨어.

한국에 씨름이 있다면 일본에는 스모가 있어요. 스모 선수는 몸무게도 많이 나가고 체격이 크죠? 그래서 성인은 물론이고 아이라면 쉽게 숨을 수 있어요.

예문

 おじいちゃんは相撲が好きです。
오지―짱 · 와 **스모**―가 스키데스
→ 할아버지는 (일본)씨름을 좋아해요.

明日は相撲を見に行きます。
아시타와 **스모**―오 미니 이키마스
→ 내일은 (일본)씨름을 보러 가요.

Tip

일본 씨름 선수의 평균 체중은 약 162kg라고 해요.

284 | 씹다

카 무
かむ [噛む]

감을 씹다.

감은 딱딱하니까 잘 씹어야 돼요. 씹을 때는
뭘 씹고 있어도 '감'을 생각해 보세요.

❌ ガムを<ruby>噛<rt>か</rt></ruby>みます。

가무오 **카미마스**
→ 껌을 씹어요.

❌ よく<ruby>噛<rt>か</rt></ruby>んで<ruby>食<rt>た</rt></ruby>べます。
가무오 **칸·데 타베마스**
→ 잘 씹어서 먹어요.

🌱 **Tip**

껌은 'ガム'라고 해요. 발음이 비슷하네요.

285 | 씻다

아 라 우
あらう [洗う]

씻으면 알아, 우린

강아지가 집을 나갔다가 돌아왔는데 너무 꼬
질꼬질해서 우리 집 강아지인지 모르겠어요. 씻
겨보니 알겠네요. 씻으면 알아 우린!

❌ <ruby>毎日<rt>まいにち</rt></ruby><ruby>髪<rt>かみ</rt></ruby>を<ruby>洗<rt>あら</rt></ruby>います。
마이니치 카미오 **아라이마스**
→ 매일 머리를 감아요.

❌ <ruby>石鹸<rt>せっけん</rt></ruby>で<ruby>手<rt>て</rt></ruby>を<ruby>洗<rt>あら</rt></ruby>います。
섹·켄·데 테오 **아라이마스**
→ 비누로 손을 닦아요.

🌱 **Tip**

'ㄹ' 받침을 넘겨서 '아라우'로 발음하면 자연스러
워요.

286 | 아내

명사/가족

츠 마
つま [妻]

아내는 아줌마

아내는 나이 들어서 이제 아줌마...

예문

✖ 私の妻は笑顔がきれいです。
와타시노 **츠마**와 에가오가 키레―데스
→ 제 **아내**는 웃는 얼굴이 예뻐요.

✖ 妻と一緒に食事をします。
츠마토 잇·쇼니 쇼쿠지오 시마스
→ **아내**와 함께 식사를 해요.

Tip

남편은 'おっと(夫)'라고 해요.

287 | (나의) 아빠

치 치
ちち [父]

아빠 찌찌는 작다.

아이가 아빠의 찌찌를 만지고 있는데 엄마보다 작다고 해요.

 父と散歩をしました。
치치토 삼 · 뽀오 시마시타
→ 아빠랑 산책을 했어요

 父と母は仲がいいです。
치치토 하하와 나카가 이－데스
→ 아빠랑 엄마는 사이가 좋아요.

Tip

나의 아버지를 소개할 때 사용해요. 자신의 아빠를 부를 때는 'おとうさん(お父さん)'이라고 해요.

---

288 | (남의) 아빠

오토 － 상 ·
おとうさん [お父さん]

오～ 또 산에 가? 아빠!

아빠가 주말에 또 등산 준비하고 있어요. 아들이 아빠에게 '오～ 또 산에 가?'라고 물어봐요.

 お父さん！早く帰ってきて！
오토－상 · 하야쿠 카엣 · 테 키데
→ 아빠! 빨리 돌아와!

私のお父さんは優しいです。
와타시노 오토－상 · 와 야사시－데스
→ 우리 아빠는 상냥해요.

Tip

남의 아빠를 말할 때 말고도 자신의 아빠를 부를 때도 쓸 수 있어요.

289 | 아쉽다

な형용사/감정

잔 · 넨 · 다
ざんねんだ [残念だ]

같이 놀려고 했는데 잤네, 아쉽다.

아이들이랑 같이 차로 놀이동산에 도착했는데 피곤한지 자고 있네요. 잤네... 아쉽다〜

예문

✕ 試合に負けて残念です。
시아이니 마케테 **잔 · 넨 · 데스**
→ 시합에 져서 **아쉬워요.**

✕ もう会えないなんて残念です。
모ー 아에나이난 · 테 **잔 · 넨 · 데스**
→ 이제 만날 수 없다니 **아쉬워요.**

Tip

'잤네'에 '다'를 붙여서 말해 주세요.

---

290 | 아이

명사/사람

코 도 모
こども [子供]

아이는 코도 먹어.

아이는 콧물도 먹어버려요. 그게 아이죠.

예문

✕ 私は子供が３人います。
와타시와 **코도모**가 산 · 닝 · 이마스
→ 저는 **아이**가 3명 있어요.

✕ 子供と遊園地に行きます。
코도모토 유ー엔 · 치니 이키마스
→ **아이**랑 놀이동산에 가요.

Tip

어른은 'おとな(大人)'예요. 어린이 날은 'こどものひ(子供の日)'라고 하는데 '아이의 날'이라는 뜻이에요.

291 | 아저씨

오 지 상 ·
おじさん

아저씨는 오지에 산다.

아저씨는 정년퇴직을 하고 오지에 살고 있어
요. 그래서 '오지산'이에요.

예문

ともだち
✖ **友達**もみんな**おじさん**になった。
토모다치모 민 · 나 **오지산** · 니 낫 · 타
→ 친구도 다 **아저씨**가 되었다.

となり
✖ **隣**の**おじさん**はおもしろいです。
토나리노 **오지상** · 와 오모시로이데스
→ 옆집 **아저씨**는 재미있어요.

Tip

'おじさん'은 '삼촌'이라는 뜻도 있어요. 아줌마는
'おばさん'이에요.

---

292 | 아침

아 사
あさ [朝]

앗싸, 아침이 왔다!

매일 아침이 오기를 기다리는 아이예요. 아침
이 오니까 '앗싸'라고 소리 질러요.

예문

あさはや　お
✖ **朝早く起**きます。
아사 하야쿠 오키마스
→ **아침** 일찍 일어나요.

あさ　　　　なっとう
✖ **朝**ごはんは**納豆**です。
아사 고항 · 와 낫 · 토ー데스
→ **아침밥**은 낫토예요.

Tip

아침밥은 'あさごはん(朝ご飯)'이라고 해요. 'あさ'
만으로도 '아침밥'이라는 뜻이 있어요.

명사/물건

메 가 네
めがね [眼鏡]

메가박스에서 안경을 쓰네.

3D 영화를 보기 위해 메가박스에서 안경을 쓰네.

예문

 本を読む時、眼鏡をかけます。
홍 · 오 요무 토키 **메가네**오 카케마스

→ 책을 읽을 때 **안경**을 써요.

眼鏡を外してください。
메가네오 하즈시테 쿠다사이

→ **안경**을 벗어 주세요.

Tip

'안경을 쓰다'는 'めがねをかける(眼鏡をかける)'라
고 해요.

동사/행동

다 쿠
だく [抱く]

다크(dark)한 곳에서 아기를 안다.

다크(dark)한 침실에서 엄마가 아기를 안아
요. 아기를 안아서 재울 때는 어두운 곳이 좋
죠.

예문

 赤ちゃんを抱きます。
아카짱 · 오 **다키마스**

→ 아기를 **안아요**.

ぬいぐるみを抱いて寝ます。
누이구루미오 **다이테** 네마스

→ 인형을 **안고** 자요.

Tip

죽부인은 'だきまくら(抱き枕)'라고 하고, 뜻은 '안
는 베개'예요.

295 | 앉다

스 와 루
すわる [座る]

스완에 앉다.

아기가 스완(백조) 변기에 앉아 있어요. 큰 변기에 적응하기 전에 아기용 변기부터 익숙해져야죠.

예문

✖ 椅子に座ります。
이스니 **스와리마스**
→ 의자에 **앉아요**.

✖ ここに座ってもいいですか。
코코니 **스왓·테모** 이—데스카
→ 여기에 **앉아도** 될까요?

Tip

아기가 잘 앉았다고 칭찬받고 기분이 좋아 보이네요. '루루루~'의 '루'도 붙여 주세요.

---

296 | 알다

시 루
しる [知る]

시루떡을 알다.

한국 친구가 일본인 유학생에게 시루떡을 아냐고 물어봤더니 안대요.

예문

✖ 真実を知りました。
신·지츠오 **시리마시타**
→ 진실을 **알았어요**.

✖ 日本の文化を知っていますか。
니혼·노 붕·카오 **싯·테** 이마스카
→ 일본 문화를 **알고** 있어요?

Tip

'알다'에는 'しる(知る)'와 'わかる(分かる)'가 있어요. 지식에 대한 앎은 'しる', 이해하는 앎은 'わかる'를 사용해요.

297 | 야근

명사/회사

장 · 교 —
ざんぎょう [残業]

장교가 야근을 한다.

군대에서 밤 늦게까지 장교가 야근을 하고 있어요. 군대는 회사는 아니지만 야근하는 '장교'가 있네요.

예문

今日は残業です。
쿄ー와 장·교ー데스
→ 오늘은 야근이에요.

残業の多い会社です。
장·교ー노 오ー이 카이샤데스
→ 야근이 많은 회사예요.

Tip

한국 한자 그대로 사용한 '야근'은 'やきん(夜勤)'이라고 하는데, 밤에 일하는 근무 형태를 말해요.

---

298 | 약하다

い형용사/상태

요 와 이
よわい [弱い]

요 아이는 약하다.

어항에서 물고기를 키우는데 혼자 다니는 물고기가 있어서 '요 아이는 약하다'라고 말하고 있네요.

예문

相手チームは弱いです。
아이테 치ー무와 요와이데스
→ 상대팀은 약해요.

私は胃腸が弱いです。
와타시와 이쵸ー가 요와이데스
→ 저는 위가 약해요.

Tip

반대말인 '강하다'는 'つよい(強い)'라고 해요.

명사/채소

타 마 네 기
たまねぎ [玉ねぎ]

양파를 담아내기

양파를 다지면 도마 위에 튀니까 다음 양파를
다지기 전에 그릇에 담아내기!

예문

✖ 玉ねぎが辛くて涙が出ます。
타마네기가 카라쿠테 나미다가 데마스
→ 양파가 매워서 눈물이 나요.

✖ 玉ねぎの皮を剝きます。
타마네기노 카와오 무키마스
→ 양파 껍질을 까요.

Tip

'たま(玉)'는 구슬, 'ねぎ'는 파라는 뜻이에요.

い형용사/상태

쿠 라 이
くらい [暗い]

어두워서 크라이(cry)

어두운 곳을 무서워하는 여자 아이가 cry~,
cry~ 울고 있어요.

예문

✖ 部屋が暗いです。
헤야가 쿠라이데스
→ 방이 어두워요.

✖ 冬は早く暗くなります。
후유와 하야쿠 쿠라쿠나리마스
→ 겨울은 빨리 어두워져요.

Tip

반대말인 '밝다'는 'あかるい(明るい)'예요.

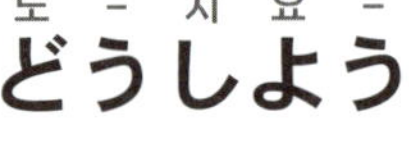
301 | 어떡해

도 - 시 요 -
どうしよう

어떡해 지금 도시요~!

도쿄에 왔는데 생각보다 많이 도시요~! 어떡해~ 너무 붐벼서 긴장하고 있어요.

예문

明日はテストだ。どうしよう。
아시타와 테스토다 **도ー시요ー**
→ 내일은 시험이다. 어떡해.

どうしよう。遅刻だ。
도ー시요ー 치코쿠다
→ **어떡해**. 지각이다.

Tip

'どうしよう'는 반말이지만 혼잣말로도 쓸 때는 윗사람 앞에서도 쓸 수 있어요.

---

302 | 어떻게

도 -
どう

피자 도우 어떻게 만들어요?

피자가 너무 맛있어서 셰프에게 도우를 어떻게 만들면 되는지 물어보고 있어요.

예문

メイクはどうしましょうか。
메이쿠와 **도ー** 시마쇼ー카
→ 메이크업은 **어떻게** 할까요?

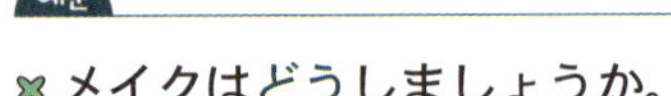
この機能はどう使いますか。
코노 키노ー와 **도ー** 츠카이마스카
→ 이 기능은 **어떻게** 써요?

Tip

'도~'라고 길게 발음하면 돼요.

303 | 어렵다

무 즈 카 시 ―
むずかしい [難しい]

서울에서 무주까지 가기 어렵다.

서울에서 차로 무주까지 가는 게 멀어서 좀 어렵죠? 쉽지는 않아요.

예문

✗ この問題は難しいです。
코노 몬 · 다이와 **무즈카시―데스**
→ 이 문제는 어려워요.

✗ 難しいクイズを解きます。
무즈카시― 쿠이즈오 토키마스
→ 어려운 퀴즈를 풀어요.

Tip
반대말인 '쉽다'는 'かんたんだ(簡単だ)'를 많이 써요.

---

304 | 어른

오 토 나
おとな [大人]

어른이니까 오토나 해볼까?

이제 만 18세가 지나 어른이 돼서 운전면허를 따려고 해요. '오토나 해볼까?'라고 하네요.

예문

✗ 大人料金はいくらですか。
오토나 료―킹 · 와 이쿠라데스카
→ 어른 요금은 얼마예요?

✗ 娘は大人になりました。
무스메와 **오토나**니 나리마시타
→ 딸은 어른이 됐어요.

Tip
아이는 'こども(子供)'라고 해요.

305 | 어리다

오 사나이
おさない [幼い]

어리지만 오! 사나이!

어린 아이가 모래밭에 있는 무거운 나무를 들으려고 하는데, 주변 어른이 '오! 사나이!'라고 칭찬해요.

예문

※ 幼い子供が３人います。
오사나이 코도모가 산 · 닝 · 이마스
→ 어린 아이가 3명 있어요.

※ 幼い時の思い出です。
오사나이 토키노 오모이데데스
→ 어릴 때의 추억이에요.

Tip

'어릴 때'라는 표현을 대화에서 많이 쓰는데 '치이사이때(小さい時)'라고도 말할 수 있어요.

---

306 | 어쩔 수 없다

쇼 - 가 나이
しょうがない [仕様がない]

소가 나이를 먹으면 어쩔 수 없다.

옛날에 기계가 없을 때는 소가 농사 일을 했죠? 하지만 소가 나이를 먹으면 일을 잘 못해요. 어쩔 수 없죠...

예문

※ 過去のことはしょうがないです。
카코노 코토와 쇼ー가나이데스
→ 과거의 일은 어쩔 수 없어요.

※ 心配したってしょうがないよ。
심 · 파이시탓 · 테 쇼ー가나이요
→ 걱정해 봤자 어쩔 수 없어.

Tip

사전에는 'しようがない'라고도 나오는데, 회화에서는 'しょうがない'를 많이 써요.

대명사/시간

이 츠
いつ

다음 휴일은 언제 있지?

스케줄이 써 있는 수첩을 보면서 '다음 휴일이 언제 있지?'라며 확인하고 있어요.

예문

✖  いつ日本に行きますか。
이츠 니혼 · 니 이키마스카
→ 언제 일본에 가요?

✖ いつどこで会いましょうか。
이츠 도코데 아이마쇼ー카
→ 언제 어디에서 만날까요?

Tip

발음은 영어 'it's'와도 비슷해요. '이츠'와 '이쯔' 사이의 소리예요.

부사/시간

이 츠 모
いつも

언제나 그를 잊지 못 하다.

좋아하는 사람이 있으면 계속 생각하게 돼요. 즉, 그를 언제나 잊지 못 하는 거죠.

예문

✖ いつもそばにいます。
이츠모 소바니 이마스
→ 언제나 곁에 있어요.

✖ この店はいつも人が多いです。
코노 미세와 **이츠모** 히토가 오ー이데스
→ 이 가게는 언제나 사람이 많아요.

Tip

실제 발음은 '이츠모'와 '이쯔모' 사이예요. 'つ' 발음에 너무 부담 갖지 말고 자연스럽게 발음해 보세요.

명사/일생생활

이 쿠 라
いくら

2그람에 얼마예요?

시장에서 무게를 달아서 파는 데가 있죠? 2그람(그램)에 얼마냐고 물어보니까 너무 적어서 시장 아줌마가 놀라고 있어요.

예문

✗ 入場料はいくらですか。
뉴ー죠ー료ー와 **이쿠라**데스카

→ 입장료는 **얼마**예요?

✗ いくら持っていますか。
이쿠라 못 · 테 이마스카

→ **얼마** 가지고 있어요?

Tip

연어알도 'いくら(イクラ)'로 같은 발음이에요.

명사/가족

하 하
はは [母]

엄마는 하하하 웃는다.

엄마는 항상 밝고 '하하하'하고 큰소리로 웃어요.

예문

✗ 私の母は看護師です。
와타시노 **하하**와 캉 · 고시데스

→ 저의 **엄마**는 간호사예요.

✗ 母と一緒に住んでいます。
하하토 잇 · 쇼니 슨 · 데 이마스

→ **엄마**와 같이 살고 있어요.

Tip

나의 엄마를 소개할 때 사용해요. 자신의 엄마를 부를 때는 'おかあさん(お母さん)'이라고 해요.

311 | (남의) 엄마

오 카 ㅡ 상 ·
おかあさん [お母さん]

아까 산에 간 **엄마**

엄마는 아까 산에 갔어요. 주말마다 등산 가는 게 취미인 엄마 많죠?

예문

✖ 友達のお母さんに会いました。
토모다치노 **오카ㅡ산** · 니 아이마시타

→ 친구 **엄마**를 만났어요.

✖ お母さんの料理が食べたい。
오카ㅡ산 · 노 료ㅡ리가 타베타이

→ **엄마** 요리가 먹고 싶다.

Tip

남의 엄마를 말할 때 말고도 자신의 엄마를 부를 때도 쓸 수 있어요.

---

312 | 없다

나 이
ない

나 이가 **없다.**

할아버지가 나이가 먹어서 치아가 다 빠졌어요. '나 이가 없다'라고 하며 입을 벌리고 있어요.

예문

✖ 時間がないから急ぎます。
지캉 · 가 **나이카라** 이소기마스

→ 시간이 **없으니까** 서둘러요.

✖ お金がないですか。
오카네가 **나이데스카**

→ 돈이 **없어요?**

Tip

정중하게 '없어요'라고 할 때는 'ないです'라고 해요.

명사/신체

오 시 리
おしり [お尻]

엉덩이가 오! 시리다.

한겨울에 벤치에 앉으려고 했더니 너무 차가워요. 엉덩이가 '오! 시리다'

예문

❌ お尻が痛いです。
오시리가 이타이데스
→ 엉덩이가 아파요.

❌ お尻に注射を打ちました。
오시리니 츄―샤오 우치마시타
→ 엉덩이에 주사를 맞았어요.

Tip

'しり(尻)'라고도 하는데 'お'를 붙여서 'おしり(お尻)'라고 하는 게 더 고운 말이에요.

명사/장소

에 레 베 ― 타 ―
エレベーター

엘리베이터에서 애는 배 타?

아파트 엘리베이터 앞에서 기다리는데 어떤 아이가 배 타고 올라간다고 해요. 요즘 아이를 위한 다양한 탈것이 있죠.

예문

❌ エレベーターで上がります。
에레베―타―데 아가리마스
→ 엘리베이터로 올라가요.

❌ エレベーターが故障しました。
에레베―타―가 코쇼―시마시타
→ 엘리베이터가 고장났어요.

Tip

'엘리베이터를 타다'는 'エレベーターにのる(エレベーターに乗る)'라고 표현해요.

대명사/장소

코 코
ここ

여기에 코코아가 있었네!

엄마가 주방에서 코코아를 찾고 있었는데 여기에 코코아가 있었네요!

 ここはどこですか。
코코와 도코데스카
→ **여기**는 어디예요?

 ここから近（ちか）いところにあります。
코코카라 치카이 토코로니 아리마스
→ **여기**에서 가까운 곳에 있어요.

Tip

거기는 'そこ', 저기는 'あそこ'예요.

명사/가족

이 모 - 토
いもうと [妹]

여동생은 이모랑 또 나갔다.

여동생은 누구랑 친할까요? 여동생은 예쁜 옷도 좋아하고 화장에도 관심이 많고 이모랑 친해요. 그래서 이모랑 또 나갔어요.

 私（わたし）には 妹（いもうと）がいます。
와타시니와 **이모-토**가 이마스
→ 저에게는 **여동생**이 있어요.

 妹（いもうと）は中学校（ちゅうがっこう）に通（かよ）っています。
이모-토와 츄ー 각·코ー니 카욧·테 이마스
→ **여동생**은 중학교에 다니고 있어요.

Tip

남동생은 'おとうと(弟)'예요. 한국어는 '동생'이라는 말이 있지만 일본어는 없어요. 꼭 남녀 구별해서 말해요.

명사/사람

온 · 나
おんな [女]

여자는 이리로 온나~

수상한 남자가 여자들에게 '이리로 온나'라고
하고 있어요. 이런 남자는 조심해야 해요.

예문

✘ 女心を男は知らない。
온 · 나고코로오 오토코와 시라나이
→ **여자** 마음을 남자는 몰라.

✘ 彼は女友達が多いです。
카레와 온 · 나토모다치가 오ー이데스
→ 그는 **여사친**(여자 사람 친구)이 많아요.

Tip

'おんな(女)'는 단독으로 사용하면 '계집' 비슷한
어감이 나요. 그래서 'おんなのひと(女の人:여자 사
람)'라고 하는 게 좋아요.

명사/사람

카 노 죠
かのじょ [彼女]

여자 친구에게 카누 줬다.

오늘 카누 데이트를 해요. 카누가 생각보다 너
무 무거워서 여자 친구가 타기 편하게 앞까지
밀어줬어요.

예문

✘ 彼女ができました。
카노죠가 데키마시타
→ **여자 친구**가 생겼어요.

✘ 彼女は小学校の先生です。
카노죠와 쇼ー각 · 코ー노 센 · 세ー데스
→ **그녀**는 초등학교 선생님이에요.

Tip

'かのじょ(彼女)'는 '그녀'라는 뜻도 있어요.

319 | 여주

고 ― 야
ゴーヤ

여주는 맛이 고약하다.

여주는 영양가가 많은 식재료로, 독특한 향과 맛이 특징이죠. 여주는 맛이 고약해요.

예문

✘ ゴーヤ炒^{いた}めを作^{つく}りました。

고ー야 이타메오 츠쿠리마시타
→ **여주** 볶음을 만들었어요.

✘ ゴーヤは体^{からだ}にいいです。

고ー야와 카라다니 이ー데스
→ **여주**는 몸에 좋아요.

Tip

여주는 일본 오키나와현에서 유명해요. 'ゴーヤ'라는 말은 오키나와 사투리에서 온 말이에요. 공통어는 'にがうり'라고 하지만 전국적으로 'ゴーヤ'라고 많이 불러요.

---

320 | 역

에 키
えき [駅]

애기가 역 앞에서 울고 있다.

역은 넓고 사람들도 많으니까 어른이라도 미아가 될 수도 있어요. 애기(아기)가 엄마를 잃어버려서 울고 있네요.

예문

✘ 駅^{えき}までどのくらいかかりますか。
에키마데 도노쿠라이 카카리마스카
→ **역**까지 얼마나 걸려요?

✘ 駅^{えき}の改札口^{かいさつぐち}で待^まっています。

에키노 카이사츠구치데 맛・테 이마스
→ **역** 개찰구에서 기다리고 있어요.

Tip

일본에는 JR역이 많이 있는데 JR은 'Japan Railways'이라는 철도회사의 통칭이에요. 한국의 KORAIL(코레일) 같은 거죠.

321 | 역시

얍·빠리
やっぱり

역시 양파링이 맛있다.

과자 중에서 제일 좋아하는 건 역시 양파링!
일본에도 한국의 양파링을 파는데 인기있어요.

 やっぱりこれにしてください。
얍·빠리 코레니 시테 쿠다사이
→ **역시** 이걸로 해 주세요.

 やっぱり歩いたほうが早いです。
얍·빠리 아루이타 호-가 하야이데스
→ **역시** 걸어가는 것이 빠릅니다.

Tip
과자 말고 그냥 양파를 튀긴 요리는 'おにおんりん
ぐ(オニオンリング)'라고 해요.

---

322 | 연구

켕·큐-
けんきゅう [研究]

캔 QR코드에 대해서 연구하다.

연구원이 캔의 QR코드에 대해 연구하고 있어
요. 연구는 일반인에게 봤을 때 특수한 게 많아
요.

 どんな研究をしていますか。
돈·나 켕·큐-오 시테 이마스카
→ 어떤 **연구**를 하고 있어요?

 研究結果が出たら発表します。
켕·큐- 켁·카가 데타라 합·뾰-시마스
→ **연구** 결과가 나오면 발표하겠습니다.

Tip
연구원은 'けんきゅういん(研究員)', 연구실은 'けん
きゅうしつ(研究室)'라고 해요.

323 | 연기

케 무 리
けむり [煙]

연기다~! 괴물이다~!

집에 불이 나서 연기가 나는데 모양이 꼭 괴물 같아요. 일본에서 연기를 봤다면 한국어로 '괴물이다~'라고 외쳐보세요. 정말 통해요.

たばこの煙が嫌いだ。
타바코노 **케무리**가 키라이다
→ 담배 **연기**가 싫다.

煙だ！逃げて！
케무리다 니게테
→ **연기**다! 도망가!

Tip

경험담으로 이중언어를 쓰는 저희 아이들이 '괴물이다~'라고 하면 일본어의 'けむりだ(煙だ)'인지 헷갈려요.

---

324 | 연습

렌 · 슈 -
れんしゅう [練習]

연습 후 시원한 냉수 한 잔

열심히 연습하고 나면 땀을 많이 흘려서 냉수 한 잔 마시고 싶죠? 연습할 때는 항상 곁에 냉수를 들고 다니세요!

毎日ピアノの練習をします。
마이니치 피아노노 **렌 · 슈 -**오 시마스
→ 매일 피아노 **연습**을 해요.

反復練習が重要です。
함 · 푸쿠**렌 · 슈 -**가 쥬 - 요 - 데스
→ 반복**연습**이 중요해요.

Tip

'냉수'의 'ㄴ'를 'ㄹ'로 바꾸어 발음하면 더 자연스러워요.

명사/일상생활

네 츠
ねつ [熱]

넷째가 열이 나다.

넷째 아이가 열이 나요. 어릴 때는 열이 많이 나죠.

예문

✖ 喉が痛くて、熱があります。
노도가 이타쿠테 **네츠**가 아리마스
→ 목이 아프고 **열**이 있어요.

✖ 夜、熱が出ました。
요루 **네츠**가 데마시타
→ 밤에 **열**이 났어요.

Tip

'열이 나다'는 'ねつがでる(熱が出る)'라고 해요.

동사/행동

아 케 루
あける [開ける]

앞 게를 열다.

간장게장 공장에서 게가 줄줄이 나오고 있어요. 앞 게부터 열어야 다음 게를 열어 손질할 수 있어요. 열 때는 '앞 게를' 열어요.

예문

✖ ドアを開けてください。
도아오 **아케테** 쿠다사이
→ 문을 **열어** 주세요.

✖ 換気のため窓を開けます。
캉・키노 타메 마도오 **아케마스**
→ 환기를 위해 창문을 **열어요**.

Tip

'열리다'는 'あく(開く)'라고 해요.

327 | 열쇠/키

명사/물건

카　기
かぎ [鍵]

카 키(car key)

요즘 한국은 보통 집에 들어갈 때 도어락을 사용하고, 자동차는 스마트 키를 사용하는 경우가 많아서 열쇠를 들고 다니는 경우가 드물죠. 하지만 이 사람은 카 키(key)를 가지고 다니네요~

예문

✖ 鍵^{かぎ}をかけます。
카기오 카케마스
→ **열쇠**로 잠가요.

✖ 鍵^{かぎ}を無^なくしました。
카기오 나쿠시마시타
→ **열쇠**를 잃어버렸어요.

Tip

일본에는 'かぎっこ(鍵っ子:열쇠 아이)'라는 말이 있어요. 하교 후에 집에 가도 부모님이 없고 스스로 집 열쇠를 갖고 다니는 아이를 말해요.

---

328 | 영어

명사/언어

에 － 고
えいご [英語]

영어 공부 에~고

영어 공부는 스트레스가 많아요. 온 국민이 '에~고 에~고' 하면서 영어를 공부하죠.

예문

✖ 私^{わたし}は英語^{えいご}が苦手^{にがて}です。
와타시와 **에－고**가 니가테데스
→ 저는 **영어**를 잘 못해요.

✖ 英語^{えいご}できますか。
에－고 데키마스카
→ **영어** 할 수 있어요?

Tip

일본에서는 초등학교 3학년부터 영어 수업이 시작돼요. 일본어는 'にほんご(日本語)', 한국어는 'かんこくご(韓国語)'라고 해요.

えいぎょう [営業]

명사/회사

에 - 교 -

영업은 애교로

영업 성적이 좋은 사원이 있는데 애교가 장난 아니에요! 영업 비밀은 바로 애교였군요.

예문

 私の仕事は営業です。
와타시노 시고토와 에―교―데스
→ 제 일은 **영업**이에요.

 営業時間が過ぎました。
에―교―지캉 · 가스기마시타
→ **영업**시간이 지났어요.

Tip

'애~교~'처럼 느릿느릿하게 발음하면 완벽해요!

えいが [映画]

명사/취미

에 - 가

영화 뭘 볼까? A가 평이 좋아.

영화관에 갔는데 A와 B라는 영화가 있었어요. A가 평이 좋다고 하니 A를 보기로 했어요.

예문

 映画を見に行きませんか。
에―가오 미니 이키마셍 · 카
→ **영화**를 보러 갈래요?

 週末、日本の映画を見ました。
슈―마츠 니혼 · 노 에―가오 미마시타
→ 주말에 일본 **영화**를 봤어요.

Tip

영화관은 'えいがかん(映画館)'이라고 해요. 일본은 많은 영화관에서 매주 수요일마다 할인된 가격으로 영화를 볼 수 있답니다.

331 | 예약

요 야 쿠
よやく [予約]

예약을 요약

예약이 많아서 요약하고 정리 중이에요. 요즘 예약은 인터넷, 전화, 방문 다양한 방법이 있죠? 그래서 헷갈리지 않도록 한 군데에 요약해야 해요.

예문

✗ ホテルの予約をします。
호테루노 **요야쿠**오 시마스
→ 호텔 **예약**을 해요.

✗ 6時に予約したキムです。
로쿠지니 **요야쿠**시타 키무데스
→ 6시에 **예약**한 김입니다.

Tip

예약할 때는 'よやくしたいんですけど(予約したいんですけど:예약하고 싶은데요)'라고 하면 돼요.

---

332 | 오늘

쿄 -
きょう [今日]

오늘 도쿄

오늘 출발해서 오늘 안에 도쿄에 도착할 수 있어요. 일본은 가까워서 여행하기 좋네요.

예문

✗ 今日は何月何日ですか。
쿄ー와 낭 ·가츠난 ·니치데스카
→ **오늘**은 몇 월 며칠이에요?

✗ 約束は今日じゃないですか。
약 ·소쿠와 **쿄**ー자나이데스카
→ 약속은 **오늘**이잖아요(오늘 아니에요?).

Tip

'쿄~'라고 길게 발음하면 더 자연스러워요. 인천공항에서 나리타공항까지 약 2시간 30분 정도 걸려요.

333 | 오다

쿠 루
くる [来る]

쿨하게 오다.

남자 친구는 항상 쿨하게 와요. 지각했는데도 쿨하게 오니까 여자 친구가 화가 난 모양이에요.

✘ サンタクロースが来る！
산 · 타크로ー스가 **쿠루**
→ 산타클로스가 **온다!**

✘ 家に友達が遊びに来ます。
이에니 토모다치가 아소비니 **키마스**
→ 집에 친구가 놀러 **와요.**

Tip

일본어 동사 중에 불규칙 동사가 2개 있어요. 'くる(来る:오다)'와 'する(하다)'예요.

---

334 | 오르막길/내리막길

사 카
さか [坂]

오사카성은 오르막길

오사카성까지 가려면 오르막길을 올라가야 돼요. 실제로 오사카의 지명 유래는 오르막길이 많아서예요.

✘ この町は坂が多いです。
코노 마치와 **사카**가 오ー이데스
→ 이 동네는 **오르막길**이 많아요.

✘ 坂で転びました。
사카데 코로비마시타
→ **내리막길**에서 넘어졌어요.

Tip

오사카는 한자로 '大阪'라고 써요. 오르막길을 의미하는 '坂'랑 다른 한자를 쓰고 있지만, 옛날에는 '大坂'라고 썼어요. 오르막길, 내리막길, 언덕길, 비탈길, 모두 'さか(坂)'예요.

335 | 오전

명사/시간

고 젱 ·
ごぜん [午前]

오전에 고쟁이 입고

오전에는 시원하니까 김매기 하기 좋아서 고쟁이를 입고 텃밭으로 나가요.

예문

✖ 午前 9 時までに出勤します。
고젱 · 쿠지마데니 슉 · 킨 · 시마스
→ **오전** 9시까지 출근해요.

✖ 午前中に来てください。
고젠 · 츄ー니 키테 쿠다사이
→ **오전** 중에 오세요.

Tip

'ごぜんちゅう(午前中:오전 중)'이라는 말도 많이 써요.

---

336 | 오후

명사/시간

고 고
ごご [午後]

오후에 고고(go go)!

오후에 일이 다 끝나고서 'go! go!' 하면서 영화관에 왔어요.

예문

✖ 午後10時に寝ます。
고고 쥬ー지니 네마스
→ **오후** 10시에 자요.

✖ 午後は雨が降るそうです。
고고와 아메가 후루ー소데스
→ **오후**는 비가 내린다고 합니다.

Tip

'오후 중'이라는 'ごごちゅう(午後中)'라는 말은 없어요. '오늘 중'인 'きょうじゅう(今日中)'라고 하면 돼요.

337 | 옥수수

토 - 모 로 코 시
とうもろこし

옥수수 통으로 꼬시다.

입이 짧은 아이한테 옥수수통으로 밥 먹자고
꼬시고 있어요.

> 예문

✕ **とうもろこし**は夏の味です。
토－모로코시와 나츠노 아지데스
→ **옥수수**는 여름의 맛이에요.

✕ **とうもろこし**のスープを作る。
토－모로코시노 스－푸오 츠쿠루
→ **옥수수** 수프를 만들다.

🧅 **Tip**

일본에서는 초당옥수수를 많이 먹어요. 저는 찰옥
수수는 한국에 와서 처음 먹어봤어요.

---

338 | 올라가다

노 보 루
のぼる [上る/登る]

너 보러 올라가다.

남자가 '너 보러 올라간다'라고 하면서 열심이
산을 올라가고 있어요. 산꼭대기에는 사랑하
는 여자 친구가 있네요!

> 예문

✕ 猿が木に登ります。
사루가 키니 **노보리마스**
→ 원숭이가 나무에 **올라가요**.

✕ 山に登ってキンパを食べました。
야마니 **노봇·테 킴·파오 타베마시타**
→ 산에 **올라가서** 김밥을 먹었어요.

🧅 **Tip**

'내려가다'는 'おりる(下りる)'예요.

339 | 외롭다

사 비 시 -
さびしい [寂しい]

사비로 십이만 원이라니 외롭다.

혼자 출장 가는 건 외로워요. 게다가 사비 십이 만 원이나 들었어요.

예문

❌ 友達が引っ越して寂しいです。
토모다치가 힉 · 코시테 **사비시-데스**
→ 친구가 이사해서 **외로워요.**

❌ 子供が寂しくて泣きました。
코도모가 **사비시쿠테** 나키마시타
→ 아이가 **외로워서** 울었어요.

Tip

'さみしい'라고도 말하고 틀린 말은 아니지만, 시험 등에서는 'さびしい(寂しい)'라고 써요.

---

340 | 외우다

오 보 에 루
おぼえる [覚える]

못 외우면 오보에로 맞는다.

선생님이 이거 다 못 외우면 오보에로 맞는다고 했어요. 왜 오보에일까요?! 선생님이 음악 담 당인가봐요.

예문

❌ 単語を100個覚えます。
탕 · 고오 학 · 코 **오보에마스**
→ 단어를 100개 **외워요.**

❌ 覚えても忘れます。
오보에테모 와스레마스
→ **외워도** 잊어버려요.

Tip

'루'를 '로'로 발음하면 더 자연스러워요.

341 | 우리

명사/일상생활

오 리
おり [檻]

우리 안에 오리를 넣는다.

논에서 오리를 키우면서 농사를 짓고 있어요. 잡초를 먹고 나온 오리를 우리 안에 넣고 있네요.

예문

✘ ライオンが<ruby>檻<rt>おり</rt></ruby>の<ruby>中<rt>なか</rt></ruby>にいます。
라이옹・가 **오리**노 나카니 이마스
→ 사자가 **우리** 안에 있어요.

✘ とらが<ruby>檻<rt>おり</rt></ruby>の<ruby>外<rt>そと</rt></ruby>に<ruby>出<rt>で</rt></ruby>てきました。
토라가 **오리**노 소토니 데테키마시타
→ 호랑이가 **우리** 밖으로 나왔어요.

Tip

'케이지'라고도 해요. 감옥은 'ろうや(牢屋)'예요.

---

342 | 우산

명사/물건

카 사
かさ [傘]

우산 편의점 가서 사~

갑자기 비가 쏟아져서 친구가 '우산 편의점에 가서 사~'라고 하고 있어요.

예문

✘ <ruby>友達<rt>ともだち</rt></ruby>に<ruby>傘<rt>かさ</rt></ruby>を<ruby>貸<rt>か</rt></ruby>してあげました。
토모다치니 **카사**오 카시테 아게마시타
→ 친구에게 **우산**을 빌려줬어요.

✘ コンビニで<ruby>傘<rt>かさ</rt></ruby>を<ruby>買<rt>か</rt></ruby>いました。
콤・비니데 **카사**오 카이마시타
→ 편의점에서 **우산**을 샀어요.

Tip

우비는 'かっぱ(合羽)'라고 하는데 포르투갈어 'capa'에서 온 말이에요. 일본어에는 포르투갈어 가 어원인 단어가 많아요.

343 | 우체국

유ー빙・쿄쿠
ゆうびんきょく [郵便局]

우체국에서 우유 빈 꽉을 부친다.

우체국에 가서 우유 빈 꽉(갑)을 박스에 넣고 부치려고 해요. 재활용때문인가봐요.

예문

✘ 郵便局で荷物を送ります。

유ー빙・쿄쿠데 니모츠오 오쿠리마스
→ 우체국에서 짐을 보내요.

✘ 右に行くと郵便局があります。

미기니 이쿠토 유ー빙・쿄쿠가 아리마스
→ 오른쪽으로 가면 우체국이 있어요.

Tip

일본 어린이집에서 우유 빈 갑으로 배를 만든 적이 있어요. 많이 모으기 위해서 우체국에서 누가 보내줬을 수도 있겠네요!

---

344 | 우표

킷・테
きって [切手]

기대되는 우표

이번 우표에는 좋아하는 연예인이 모델로 나온대요. 기대되네요!

예문

✘ 郵便局で切手を買いました。

유ー빙・쿄쿠데 킷・테오 카이마시타
→ 우체국에서 우표를 샀어요.

✘ 封筒に切手を貼ります。

후ー토ー니 킷・테오 하리마스
→ 봉투에 우표를 붙여요.

Tip

일본에는 기념우표라는 게 있어서 기존에 발행되는 우표와 다른 디자인으로 한정판이 나와요. 우표 수집가도 기대하면서 기다려요.

동사/행동

나 쿠
なく [泣く]

병이 낫구 울다.

슬플 때도 울지만 기쁠 때도 울죠? 병이 낫구 (낫고) 기쁨의 눈물을 흘리고 있는데 의사선생님과 간호사 선생님이 축하해줘요.

예문

 赤ちゃんが泣いています。
あか　　　　　　な

아카짱 · 가 **나이테** 이마스

→ 아기가 울고 있어요.

 悲しい映画を見て泣きました。
かな　　えいが　み　な

카나시— 에—가오 미테 **나키마시타**

→ 슬픈 영화를 보고 울었어요.

Tip

> 고양이나 새, 벌레가 울 때도 'なく'라고 하고, 한자는 'なく(鳴く)'를 써요. 강아지나 짐승 등이 짖는 것은 'ほえる(吠える)'라고 해요.

부사/감정

우 루 우 루
うるうる

울먹울먹

아이가 자고 일어났는데 엄마가 없어서 울먹울먹하고 있어요. 일본어도 비슷한 발음이에요.

예문

 目がうるうるしています。
め

메가 **우루우루**시테 이마스

→ 눈이 울먹울먹(글썽글썽)해요.

 うるうるの絵文字を送ります。
えもじ　おく

우루우루노 에모지오 오쿠리마스

→ 울먹울먹(글썽글썽)한 이모티콘을 보내요.

Tip

> '울먹거리다'는 'うるうるする'라고 해요.

347 | 위험하다

い형용사/상태

아 부 나 이
あぶない [危ない]

아부 떠는 나이 어린 사원 때문에 위험하다.

회사에 신입사원이 들어왔는데 내 자리가 위험해요. 아부 떠는 나이 어린 신입사원이거든요.

예문

✘ この道は危ないです。
코노 미치와 **아부나이데스**
→ 이 길은 **위험해요.**

✘ 危ないことをしてはいけません。
아부나이 코토오 시테와 이케마셍 ·
→ **위험한** 일을 하면 안 돼요.

Tip

한자어 그대로 'きけんだ(危険だ)'라고도 해요.

---

348 | 유럽

명사/나라

요 — 롭 · 빠
ヨーロッパ

요론 파자마는 유럽에서 샀어?

유럽은 아시아에는 없는 디자인이 많죠? 유럽에 갔다 온 친구 잠옷을 보고 '요론 파자마 유럽에서 샀어?'라고 물어봐요.

예문

✘ 一人でヨーロッパに行きました。
히토리데 **요—롭 · 빠**니 이키마시타
→ 혼자서 **유럽**에 갔어요.

✘ ヨーロッパの人は背が高い。
요—롭 · 빠노 히토와 세가 타카이
→ **유럽** 사람은 키가 크다.

Tip

아시아는 'アジア'라고 해요.

명사/일상생활

카 타 미
かたみ [形見]

유품 같아 미안하다.

아들이 전쟁에 가서 전사했어요. 집에 온 유품을 보고 '아들의 유품 같다 미안하다'라고 부모님이 말하고 있어요.

예문

❌ これは祖父の形見です。

코레와 소후노 **카타미**데스
→ 이건 조부의 **유품**이에요.

❌ 父の形見を家族で分けました。

치치노 **카타미**오 카조쿠데 와케마시타
→ 아빠의 **유품**을 가족끼리 나눴어요.

Tip

한자어 그대로 '이힌(遺品)'이라고도 해요.

명사/식물

이 쵸 -
いちょう

은행나무 잎이 2초만에 떨어진다.

가을에 길가에 나가면 은행나무에서 나무 잎이 떨어지는데 약 2초만에 떨어져요. 그래서 은행나무는 2초예요.

예문

❌ いちょうがきれいな季節です。

이쵸-가 키레-나 키세츠데스
→ **은행나무**가 예쁜 계절이에요.

❌ いちょう並木を散歩します。

이쵸-나미키오 삼 · 뽀시마스
→ **은행나무** 가로수길을 산책해요.

Tip

저는 아들에게 실제로 은행나무 앞에서 초를 세며 2초만에 떨어진 걸 보여주면서 단어를 가르쳐줬어요.

351 | 은행원

깅 · 코 ― 잉 ·
ぎんこういん [銀行員]

은행원이 긴 코인을 꺼낸다.

은행원은 동전 여러 개가 하나로 묶은 긴 코인을 꺼내잖아요? 그래서 '긴 코인'이에요.

わたし　ちち　ぎんこういん
私の父は銀行員です。
와타시노 치치와 **깅 · 코 ― 인 ·** 데스
→ 제 아버지는 **은행원**이에요.

そつぎょう　　　ぎんこういん
卒業して銀行員になりました。
소츠교 ― 시테 **깅 · 코 ― 인 ·** 니 나리마시타
→ 졸업하고 **은행원**이 됐어요.

Tip

'긴코~인'이라고 길게 발음하면 더 자연스러워요.

---

352 | 음악

옹 · 가 쿠
おんがく [音楽]

온갖 음악이 다 있다.

여자가 벤치에 앉아서 쉬고 있어요. 노래를 듣지 않아도 우리 주변에는 악기부터 새소리까지 온갖 음악이 다 있어요.

じ　かん　め　　　おんがく
4時間目は音楽です。
요지캄 · 메와 **옹 · 가쿠**데스
→ 4교시는 **음악**이에요.

わたし　かんこく　　おんがく　　す
私は韓国の音楽が好きです。
와타시와 캉 · 코쿠노 **옹 · 가쿠**가 스키데스
→ 저는 한국 **음악**을 좋아해요.

Tip

악기는 'がっき(楽器)'라고 해요.

353 | 의견

명사/일상생활

이 켕 ·
いけん [意見]

이 캔에 대한 의견을 묻다.

아파트 관리실 아저씨가 '이 캔은 어떻게 하면 좋을까요?'라며 주민들에게 의견을 묻고 있어요.

예문

✖ 他の意見はありませんか。

호카노 이켕 · 와 아리마셍 · 카
→ 다른 **의견**은 없어요?

✖ 私も同じ意見です。
와타시모 오나지 이켕 · 데스
→ 저도 같은 **의견**이에요.

Tip

'의견을 듣다'는 'いけんをきく(意見を聞く)'라고 해요.

---

354 | 의사

명사/직업

이 샤
いしゃ [医者]

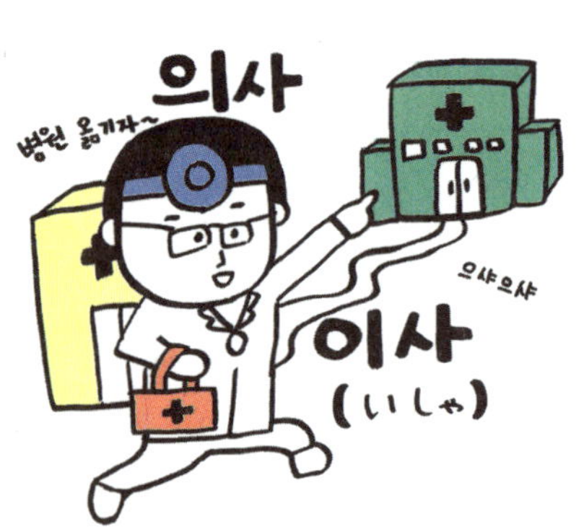

의사가 이사했다.

의사는 항상 같은 병원에만 있는 게 아니라 상황에 따라 옮겨 다닐 수 있어요. 따라서 의사도 이사를 하죠.

예문

✖ 将来、医者になりたいです。

쇼ー라이 이샤니 나리타이데스
→ 장래 **의사**가 되고 싶어요.

✖ お医者さんいらっしゃいますか。

오이샤상 · 이랏 · 샤이마스카
→ **의사** 선생님 계세요?

Tip

'사'를 '샤'로 발음하면 더 자연스러워요.

いす [椅子]

`이 스`

명사/물건

의자에 앉아서 수업을 **이수**했다.

의자에 앉아서 할 일은 공부죠. 대학교에서 의자에 앉아서 수업을 이수하고 있어요.

예문 

❌ 椅子に座ってください。
`이 스` `스와`
이스니 스왓 · 테 쿠다사이
→ **의자**에 앉아 주세요.

❌ 硬い椅子が好きです。
`카타` `이 스` `스`
카타이 **이스**가 스키데스
→ 딱딱한 **의자**를 좋아해요.

Tip
'의자에 앉다'는 'いすにすわる(椅子に座る)'라고 해요.

は [歯]

`하`

명사/신체

이는 **하양**다.

이는 하얘요. 하얗지 않아도 일본에서는 '하얗다'의 '하'로 말해보세요.

예문 

❌ 歯が痛くて歯医者に行きます。
`하` `이타` `하 이 샤` `이`
하가 이타쿠테 하이샤니 이키마스
→ **이가** 아파서 치과에 가요.

❌ 毎日、３回は歯を磨きます。
`마이니치` `카이` `하` `미가`
마이니치 상 · 카이와 **하**오 미가키마스
→ 매일, 3번은 **이**를 닦아요.

Tip
치과는 'はいしゃ(歯医者)'라고 하는데 '이의 의사'라는 뜻이에요.

지시대명사

코 레
これ

이것은 고래야.

친구와 동물 도감에 나와있는 고래를 보면서 '이것은 고래야~'라고 이야기하고 있어요.

예문

これは何ですか。
코레와 난·데스카
→ **이것은** 뭐예요?

私はこれにします。
와타시와 **코레**니 시마스
→ 저는 **이걸로** 할게요.

Tip

'고'와 '코' 사이의 소리로 발음하면 더 자연스러워요.

동사/행동

카 츠
かつ [勝つ]

돈까스 먹고 이기다.

중요한 시합이 있나 봐요. 돈까스(돈가스) 먹고 힘내서 내일 꼭 이깁시다~!

예문

今日の試合は勝ちたいです。
쿄―노 시아이와 **카치타이데스**
→ 오늘 시합은 **이기고 싶어요.**

誰が勝ちましたか。
다레가 **카치마시타카**
→ 누가 **이겼어요?**

Tip

일본에서는 실제로 시합이나 시험 전에 돈가스를 먹고 길흉을 따져요. 발음이 '이기다'의 '카츠(勝つ)'랑 비슷하기 때문이에요.

359 | 이끼

코 케
こけ [苔]

이끼를 먹는 꽃게

꽃게가 이끼를 먹고 있어요. 꽃게는 잡식이라 아무거나 다 먹고 이끼도 먹기도 한대요.

예문

❌ 苔が生えます。
코케가 하에마스
→ **이끼**가 껴요.

❌ 庭園の苔がきれいです。
테ー엔 · 노 코케가 키레ー데스
→ 정원의 **이끼**가 예뻐요.

Tip

일본에서 'こけテラリウム(苔テラリウム)'라고 해서 이끼를 키우는 사람도 있어요.

---

360 | 이름

나 마 에
なまえ [名前]

'name(이름)'에 'a'가 들어가면 나마에

영어로 이름은 'name'이지만 그림처럼 사이에 a를 넣어 읽어 보면 '나마에'. 일본어의 '이름' 이라는 뜻이 돼요.

예문

❌ 名前は何ですか。
나마에와 난 · 데스카
→ **이름**이 뭐예요?

❌ 素敵な名前ですね。
스테키나 **나마에**데스네
→ 멋진 **이름**이네요.

Tip

'お'를 붙여서 'おなまえ(お名前)'라고 하면 '성함' 이라는 뜻이 돼요.

명사/시간

콩 · 게 츠
こんげつ [今月]

이번 달 공 개수가 몇 개야?

사장님이 이번 달 매출의 공 개수가 몇 개냐고 물어봐요. 'O'의 개수는 매우 중요하죠.

예문

今月は忙しいです。
콩 · 게츠와 이소가시ー데스
→ 이번 달은 바빠요.

今月の予定を確認します。
콩 · 게츠노 요테ー오 카쿠닝 · 시마스
→ 이번 달 예정을 확인해요.

Tip

다음 달은 'らいげつ(来月)'라고 해요.

명사/시간

콘 · 슈 ー
こんしゅう [今週]

이번 주는 너무 바빠서 곤죽이 됐다.

이번 주는 회사가 너무 바빠서 곤죽이 됐어요. 집에 가서 바로 뻗어버렸네요.

예문

今週は暇です。
콘 · 슈ー와 히마데스
→ 이번 주는 한가해요.

今週は残業が多いです。
콘 · 슈ー와 장 · 교ー가 오ー이데스
→ 이번 주는 야근이 많아요.

Tip

다음 주는 'らいしゅう(来週)'라고 해요.

363 | 이불

후 통 ·
ふとん [布団]

인후통 때문에 이불 속에 누워 있다.

이불 안에서 누워 있어요. 이불 속은 따뜻하니
까 인후통도 금방 나아지겠죠?

 暖かい布団で寝ます。
아타타카이 **후톤** · 데 네마스
→ 따뜻한 **이불**에서 자요.

 朝起きて布団を畳みます。
아사 오키테 **후통** · 오 타타미마스
→ 아침에 일어나서 **이불**을 개요.

Tip

덮는 이불은 'かけぶとん(掛け布団)', 까는 이불은
'しきぶとん(敷き布団)'이라고 해요.

---

364 | 이야기하다

하 나 스
はなす [話す]

하나씩 이야기하다.

선생님이 하나씩 아이한테 이야기하고 있어
요. 이야기할 때는 한꺼번에 하면 못 알아들을
수 있으니 하나씩 이야기해요.

 何でも話してください。
난 · 데모 **하나시테** 쿠다사이
→ 무엇이든 **이야기해** 주세요.

 詳しいことは後で話します。
쿠와시ー 코토와 아토데 **하나시마스**
→ 자세한 것은 나중에 **이야기해요.**

Tip

'말하다'는 'いう(言う)'라고 해요.

365 | 일

명사/회사

시 고 토
しごと [仕事]

쉬고 또 일한다.

일은 계속 하지 못해요. 중간에 쉬어야 또 일할 수 있어요. 그러니까 일은 쉬고 또 하는 거예요.

예문

私は事務の仕事をしています。
와타시와 지무노 **시고토**오 시테 이마스
→ 저는 사무 **일**을 하고 있어요.

今日は仕事が忙しいです。
쿄ー와 **시고토**가 이소가시ー데스
→ 오늘은 **일**이 바빠요.

Tip

'일하다'는 'しごとする(仕事する)' 또는 'はたらく(働く)'라고 해요.

---

366 | 일본

명사/나라

니 홍 ·
にほん [日本]

일본에 니 혼자?

친구가 일본에 혼자 간다고 해요. '니(너) 혼자? 정말?' 걱정이 되지만 일본은 가까우니까 혼자 잘 다녀올 수 있을 거예요.

예문

日本はどこが有名ですか。
니홍 · 와 도코가 유ー메ー데스카
→ **일본**은 어디가 유명해요?

日本に行ったことがあります。
니혼 · 니 잇 · 타 코토가 아리마스
→ **일본**에 가본 적이 있어요.

Tip

일본은 'にっぽん'이라고도 말해요. 일본에 '日本橋'라는 다리가 도쿄와 오사카 2곳에 있는데, 도쿄에서는 'にほんばし'라고 하고, 오사카에서는 'にっぽんばし'라고 한답니다.

367 | 일어나다

동사/행동

오 키 루
おきる [起きる]

엄마가 오기로 해서 일어나다.

오늘은 자취방에 엄마가 오기로 해서 일찍 일어났어요. 늦잠 자고 싶지만 엄마가 오시니 준비해야죠!

예문

✖ 私は毎朝、 ６時に起きます。
와타시와 마이아사 로쿠지니 **오키마스**

→ 저는 매일 6시에 **일어나요.**

✖ 遅刻しちゃう！早く起きなさい！
치코쿠시챠우 하야쿠 **오키나사이**

→ 지각한다! 빨리 **일어나!**

Tip

'오기로'의 '로'를 '루'로 바꾸면 더 자연스러워요.

---

368 | 읽다

동사/행동

요 무
よむ [読む]

역무원이 책을 읽다.

역무원이 역에서 다음 열차가 오기 전에 책을 읽고 있어요.

예문

✖ 推理小説を読みます。
스이리쇼ー세츠오 **요미마스**

→ 추리소설을 **읽어요.**

✖ 本を読みながら、パンを食べます。
홍 · 오 **요미나가라** 팡 · 오 타베마스

→ 책을 **읽으면서** 빵을 먹어요.

Tip

일본에서 전철을 타면 책을 읽고 있는 사람이 많이 있어요.

369 | 읽었다

욘 · 다
よんだ [読んだ]

읽은 책을 다시 연다.

엄마가 아이를 재우기 위해서 책을 읽어주고 있어요. 끝까지 읽었는데도 다시 읽어달라고 졸라서 책을 다시 열었네요.

예문

 今週は 2 冊の本を読んだ。
콘 · 슈ー와 니사츠노 홍 · 오 **욘 · 다**
→ 이번 주는 두 권의 책을 **읽었다**.

あの作家の本は全部読みました。
아노 삭 · 카노 홍 · 와 젬 · 부 **요미마시타**
→ 그 작가의 책은 전부 **읽었어요**.

Tip

'よむ(読む)'의 과거형이에요.

370 | 잃어버리다

나 쿠 스
なくす [無くす]

낙서한 스케치북을 잃어버리다.

화가가 낙서한 스케치북을 어딘가에 놓아두고 온 것 같아요. 낙서도 아이디어의 조각인데 잃어버렸네요.

예문

 切符を無くしました。
킵 · 뿌오 **나쿠시마시타**
→ 기차표를 **잃어버렸어요**.

 無くした財布を見つけました。
나쿠시타 사이후오 미츠케마시타
→ **잃어버린** 지갑을 찾았어요.

Tip

'잃어버리다'는 'わすれる(忘れる)'예요.

371 | 입

쿠 치
くち [口]

한국인의 입에서 '그치?'가 자주 나온다.

한국 사람은 습관처럼 맞장구로 '그치?'라고 자주 해요. 일본 유학생이 듣고 일본어의 '입'을 말하는 줄 알고 있어요.

예문

✖ 口を拭きます。
쿠치오 후키마스
→ **입**을 닦아요.

✖ 口の中が痛いです。
쿠치노 나카가 이타이데스
→ **입** 안이 아파요.

Tip

입술은 'くちびる(唇)'라고 해요.

---

372 | 입다

키 루
きる [着る]

옷을 입을 때 키를 물어본다.

옷 가게에 갔는데 점원이 키를 물어봐요. 옷을 입기 위해서는 키를 알아야죠.

예문

✖ 服を着ます。
후쿠오 키마스
→ 옷을 **입**어요.

✖ コートを着て出かけます。
코ー토오 **키테** 데카케마스
→ **코트**를 입고 나가요.

Tip

'갈아입다'는 'きがえる(着替える)'라고 해요.

373 | 있다

아 루
ある

알이 있다.

열빙어를 먹었는데 안에 알이 가득 차 있었어
요. 알이 있다!

 机の上にスマホがあります。
츠쿠에노 우에니 스마호가 **아리마스**
→ 책상 위에 스마트폰이 있어요.

 韓国語のメニューありますか。
캉 · 코쿠고노 메뉴ー **아리마스카**
→ 한국어 메뉴판 있어요?

Tip
존재의 유무를 나타내는 동사는 'ある'와 'いる'가
있어요. 'ある'는 사물을 나타낼 때, 'いる'는 사람
이나 동물을 나타낼 때 씁니다.

---

374 | 잊어버리다/잃어버리다

와 스 레 루
わすれる [忘れる]

와~ 수레를 잊어버리다.

아저씨가 '와~ 수레를 잊어버렸다~'라고 하
며 곤란해하고 있어요. 수레를 두고 와서 오늘
은 일을 못하겠네요.

 約束を忘れました。
약 · 소쿠오 **와스레마시타**
→ 약속을 잊어버렸어요.

 友達と撮った写真を忘れました。
토모다치토 톳 · 타 샤싱 · 오 **와스레마시타**
→ 친구와 찍은 사진을 잃어버렸어요.

Tip
분실물은 'わすれもの(忘れ物)'라고 해요. 일본에서
지갑이나 가방 등을 분실하면 써 보세요.

| お가 붙는 음식 이름 |

일본어는 맨 앞에 'お'를 붙여서 말하는 음식이 많아요.

おみず [お水]	물	おちゃ [お茶]	차
おさけ [お酒]	술	おにく [お肉]	고기
おもち [お餅]	떡	おかし [お菓子]	과자
おすし [お寿司]	초밥	おでん*	오뎅
おにぎり*	주먹밥	おこのみやき [お好み焼き]*	오코노미야끼

*お를 항상 붙여서 말하는 단어

처음 단어를 배울 때 물은 みず, 술은 さけ, 고기는 にく라고 배웠을 거예요. 왜 일상생활에서는 おみず, おさけ, おにく라고 하는 걸까요?

이 경우는 음식을 높이거나 낮추는 의미가 아니라 말을 예쁘고 공손하게 사용하는 것이에요. 따라서 반드시 'お'를 붙여야 하는 것은 아닙니다. 예를 들어 식당에서 주문할 때 "みずください(물 주세요)"라고 해도 틀린 말은 아니지만, 다소 딱딱하고 투박하게 들릴 수 있어요. 반면 "おみずください"라고 하면 훨씬 부드럽고 공손한 인상을 줍니다.

참고로 일본어 고유어에는 'お', 한자어에는 'ご'를 붙여요. 종종 예외도 있답니다.

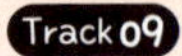

---

375 | 자다

동사/행동

네 루
ねる [寝る]

10분 내로 자다.

누우면 몇 분 내로 잘 수 있을까요? 이 아이는 10분 내로 자는 게 특기래요. 부럽네요~

예문

✗ 寝る前に歯を磨きます。
네루 마에니 하오 미가키마스
→ **자기** 전에 이를 닦아요.

✗ 疲れたので今日は早く寝ます。
츠카레타노데 쿄ー와 하야쿠 네마스
→ 피곤해서 오늘은 일찍 **자요**.

Tip

'잠들다'는 'ねむる(眠る)'라고 해요.

376 | 자동차

지 도 ㅡ 샤
じどうしゃ [自動車]

자동차 지도 보고 슝~

자동차 탈 때 옛날에는 종이로 된 지도를 보면서 슝~ 했죠? 조수석은 말 그대로 지도를 보는 조수가 앉는 자리였어요.

예문

× 私は自動車の運転ができます。
わたし じ どうしゃ うんてん

와타시와 **지도ㅡ샤**노 운 · 텡 · 가 데키마스

→ 저는 **자동차** 운전을 할 수 있어요.

× 自動車の免許があります。
じ どうしゃ めんきょ

지도ㅡ샤노 멩 · 쿄가 아리마스

→ **자동차** 면허가 있어요.

Tip

'슝~' 부분이 그림처럼 기울어지면 '샤~'로 보이죠? '지도~샤'로 발음하면 자연스러워요.

---

377 | 자르다

키 루
きる [切る]

소시지를 키로 자르다.

캠핑에 왔는데 칼이 없어서 키로 소시지를 자르고 있어요. 키는 뭔가를 자를 때 의외로 쓸모가 있어요.

예문

× 髪を切ります。
かみ き

카미오 **키리마스**

→ 머리를 **잘라요**.

× 野菜を切って炒めます。
や さい き いた

야사이오 **킷 · 테** 이타메마스

→ 채소를 **자르고** 볶아요.

Tip

'키로'를 '키루'로 발음하면 더 자연스러워요.

378 | 작다

<い형용사/상태>

치 - 사 이
ちいさい [小さい]

작다~ 치사해!

친구가 빵을 나눠주는데 너무 작아요. 치사해!

예문

靴が小さくなりました。
쿠츠가 **치 - 사쿠** 나리마시타
→ 신발이 **작아**졌어요.

小さいかばんを買いました。
치 - 사이 카방 · 오 카이마시타
→ **작은** 가방을 샀어요.

Tip

'치~사이'처럼 '치'를 길게 발음해 보면 발음이 자연스러워요.

---

379 | 잘하다

<な형용사/상태>

죠 - 즈 다
じょうずだ [上手だ]

사냥을 잘하는 죠스다.

바다에서 사냥을 잘하는 물고기는? 죠스다~

예문

私は料理が上手です。
와타시와 료 - 리가 **죠 - 즈데스**
→ 저는 요리를 **잘해요.**

弟は日本語が上手です。
오토 - 토와 니홍 · 고가 **죠 - 즈데스**
→ 남동생은 일본어를 **잘해요.**

Tip

'죠스'의 '스'를 '즈'에 가깝게 발음하면 더 자연스러워요.

동사/행동

네 무 루
ねむる [眠る]

잠들다

뇌물 받고 잠들다.

뇌물을 받았는데 어디에 둘지 몰라서 품에 안고 잠들어버렸어요.

예문

✗ **毎晩、よく眠れない。**
마이방 · 요쿠 **네무레나이**
→ 매일 밤, 잠을 잘 **못 잔다**.

✗ **ソファで眠ってしまいました。**
소화데 **네뭇 · 테** 시마이마시타
→ 소파에서 **잠들고** 말았어요.

Tip

'자다'는 'ねる(寝る)'예요. 꿈은 'ゆめ(夢)'라고 해요.

명사/물건

잣 · 시
ざっし [雑誌]

이건 아잣씨 잡지야.

아저씨가 잡지를 보고 있어요. 아이가 뭐냐고 물어보니 아잣씨(아저씨)들이 보는 잡지라고 설명해요. 아저씨들이 보는 잡지도 자동차, 바이크, 낚시 등 종류가 다양하죠.

예문

✗ **美容院で雑誌を見ました。**
비요ー인 · 데 **잣 · 시**오 미마시타
→ 미용실에서 **잡지**를 봤어요.

✗ **雑誌の付録が好きです。**
잣 · 시노 후로쿠가 스키데스
→ **잡지** 부록을 좋아해요.

Tip

일본은 한국보다 잡지가 정말 많아요. 잡지의 부록도 괜찮은 것이 많으니, 일본에 가면 편의점이나 서점에서 잡지 구경을 해 보세요!

382 | 재미있다

오 모 시 로 이
おもしろい [面白い]

재미있지만 어머, 싫어!

아이들이 스마트폰으로 영상을 보고 재미있다고 하는데 엄마는 '어머, 싫어!'라고 해요. 아이들에게 재미있어도 엄마 입장에서 보여주기 싫은 거 있죠?

예문

❌ 面白い映画を見ました。
오모시로이 에ー가오 미마시타
→ **재미있는** 영화를 봤어요.

❌ 私の父は面白い人です。
와타시노 치치와 **오모시로이** 히토데스
→ 제 아버지는 **재미있는** 사람이에요.

Tip

'재미없다'는 'おもしろくない(面白くない)' 또는 'つまらない'라고 해요.

---

383 | 저것

아 레
あれ

아래에 있는 저것 봐 봐!

멀리 있는 책상 아래에 무언가 있어요. 저것은 강아지네요. 멀리 있는 것을 가리킬 때는 '아래'라고 하면 통해요.

예문

❌ あれは何ですか。
아레와 난ㆍ데스카
→ **저건** 뭐예요?

❌ あれ見て！かわいい犬がいる！
아레 미테 카와이ー 이누가 이루
→ **저거** 봐 봐! 귀여운 개가 있어!

Tip

일본 여행을 가서 멀리 있는 건물이 궁금하면 'あれはなんですか(あれは何ですか:저것은 무엇입니까?)'라고 물어보면 돼요.

384 | 적다

스 쿠 나 이
すくない [少ない]

쑥국이 적다.

쑥국을 먹으려고 하는데 쑥이 적게 들어 있어요. 올해는 작년보다 적게 캤대요.

예문

✗ ご飯の量が少ないです。
고한·노 료ー가 스쿠나이데스
→ 밥양이 **적어요.**

✗ 給料が少ないです。
큐ー료ー가 스쿠나이데스
→ 월급이 **적어요.**

Tip

'쑥국'에 '나이'를 붙여서 외우세요!

---

385 | 전기

뎅 · 키
でんき [電気]

댕기 머리에서 전기가 찌르르

한국 민속촌에 와서 댕기 머리를 한 여자를 처음 봤어요. 첫눈에 반해서 전기에 감전된 것 같아요.

예문

✗ 電気を節約します。
뎅 · 키오 세츠야쿠시마스
→ **전기를** 절약해요.

✗ 電気を消します。
뎅 · 키오 케시마스
→ **전기(불)를** 꺼요.

Tip

방의 불을 끈다고 할 때, 'でんきをけす(電気を消す)'라고 해서 '전기'라는 단어를 써요.

부사

젠 · 젠 ·
ぜんぜん [全然]

젠장! 젠장! 전혀 안 돼!

일을 하는데 젠장! 젠장! 전혀 일이 안 돼요. 오늘은 안 풀리는 날인가 봐요.

예문

✘ 友だちは全然役に立たない。

토모다치와 **젠 · 젠 ·** 야쿠니 타타나이

→ 친구는 **전혀** 도움이 되지 않는다.

✘ 英語は全然わかりません。
에ー고와 **젠 · 젠 ·** 와카리마셍 ·

→ 영어는 **전혀** 모릅니다.

Tip

'젠장 젠장'의 앞 글자를 따서 젠젠으로 외워 보세요.

い형용사/상태

와 카 이
わかい [若い]

와이프가 이쁘고 젊다.

10살 연하와 결혼했어요. 남편은 와이프가 젊고 이뻐서 모두에게 자랑하고 싶어요.

예문

✘ 妻は年より若く見えます。

츠마와 토시요리 **와카쿠** 미에마스

→ 아내는 나이보다 **젊어** 보여요.

✘ 老いても気持ちだけは若いです。
오이테모 키모치다케와 **와카이데스**

→ 늙어도 마음만은 **젊어요**.

Tip

'가'를 '카'로 발음하면 더 자연스러워요.

388 | 점원

명사/직업

텡 · 잉 ·
てんいん [店員]

월급 **떼인** 점원

편의점에 월급 떼인 점원이 있어요. 저번 달에
실수가 많았나 봐요.

예문

❌ 私はコンビニの店員です。
와타시와 콤 · 비니노 **텡 · 인 · 데스**
→ 저는 편의점 **점원**이에요.

❌ あの店は優しい店員がいます。
아노 미세와 야사시— **텡 · 잉 · 가** 이마스
→ 저 가게는 친절한 **점원**이 있어요.

Tip

정중한 표현은 'てんいんさん(店員さん)'이라고 해
요.

---

389 | 접다

동사/행동

오 루
おる [折る]

접었더니 **오류**가 났다.

핸드폰을 접었더니 오류가 났어요! 접으면 홈이
생기니까 아무래도 오류가 생길 수 있죠?

예문

❌ 折り紙で鶴を折ります。
오리가미데 츠루오 **오리마스**
→ 색종이로 학을 **접어요**.

❌ 木の枝を折ります。
키노 에다오 **오리마스**
→ 나뭇가지를 **부러뜨려요**.

Tip

색종이는 'おりがみ(折り紙)'라고 해요. '접는 종이'
라는 뜻이에요. 'おる(折る)'는 '부러뜨리다'라는
뜻도 있어요.

부사

세 ― 세 ― 도 ― 도 ―
せいせいどうどう[正々堂々]

정정당당 세세하고 도도하게

정정당당하게 장기를 두고 있어요. 세세하고 도도한 자세를 유지하면서요.

예문

☒ 正々堂々と勝負します。
せいせいどうどう / しょうぶ
세―세―도―도―토 쇼―부시마스
→ 정정당당하게 승부해요.

☒ 正々堂々、戦いました。
せいせいどうどう / たたか
세―세―도―도― 타타카이마시타
→ 정정당당 싸웠어요.

Tip

'せいせいどうどうと(正々堂々と)'처럼 'と'를 붙여서 자주 써요. 바를 정(正)은 'せい', 집 당(堂)은 'どう'예요.

명사/동물

츠 바 메
つばめ

제비가 창문을 쳐 밤에

제비가 창문을 톡톡 쳐요. 밤에... 제비는 천적을 피하기 위해 사람 사는 곳에서 보금자리를 꾸며요. 제비가 밤에 창문을 톡톡 치면 맞이해 주세요.

예문

☒ つばめが巣を作りました。
す / つく
츠바메가 스오 츠쿠리마시타
→ 제비가 둥지를 만들었어요.

☒ つばめがひなを産みました。
う
츠바메가 히나오 우미마시타
→ 제비가 병아리를 낳았어요.

Tip

참새는 'すずめ'라고 해요.

392 | 제비꽃

스 미 레
すみれ

수미네 집에 제비꽃이 피었다.

제비꽃이 수미네 집에 피었어요. 매년 제비꽃을 보러 수미네 집에 놀러 가요.

예문

 庭にすみれが咲いています。
니와니 **스미레**가 사이테 이마스
→ 마당에 제비꽃이 피어 있어요.

 すみれの花束をもらいました。
스미레노 하나타바오 모라이마시타
→ 제비꽃 꽃다발을 받았어요.

Tip
'수미네'의 '네'를 '레'로 바꾸면 더 자연스러워요.

---

393 | (남자)조카

오 이
おい [甥]

조카는 오이를 좋아한다.

우리 (남자)조카는 오이를 좋아해서 집에 오면 맨날 오이를 먹어요.

예문

 甥は中学生です。
오이와 츄―각 ·세―데스
→ (남자)조카는 중학생이에요.

 今日は甥の誕生日です。
쿄―와 **오이**노 탄 · 죠―비데스
→ 오늘은 (남자)조카 생일이에요.

Tip
'おいっこ(甥っ子)'라고도 해요. 일본어는 조카의 성별에 따라 구분해서 불러요.

명사/가족

메 이
めい [姪]

조카는 **메이커**를 좋아한다.

우리 (여자)조카는 메이커를 좋아해서 머리부터 발끝까지 메어커예요.

예문

✕ 姪はアメリカに住んでいます。
메이와 아메리카니 슨 · 데 이마스
→ (여자)조카는 미국에 살고 있어요.

✕ 姪にプレゼントをあげました。
메이니 프레젠 · 토오 아게마시타
→ (여자)조카한테 선물을 줬어요.

Tip

'めいっこ(姪っ子)'라고도 해요.

い형용사/상태

네 무 이
ねむい [眠い]

졸릴 때는 **네모 이불**

졸려서 잠자리로 들어갔는데 네모 이불이 펼쳐져 있어요. 당연히 이불은 네모겠지만요.

예문

✕ 昨日、遅く寝たので眠いです。
키노― 오소쿠 네타노데 **네무이데스**
→ 어제 늦게 자서 **졸려요**.

✕ 眠くてコーヒーを飲みました。
네무쿠테 코―히―오 노미마시타
→ **졸려서** 커피를 마셨어요.

Tip

네모의 '모'를 '무'로 바꿔서 '네무이'로 발음해 주세요.

새마을호는 자리가 **좁다**.

좁은 새마을호에서 도착지까지 탄다… 아무래도 열차 안에 계속 있으면 좁게 느껴지죠?

い형용사/상태

세 마 이
せまい [狭い]

예문

× ホテルの部屋が狭いです。
호테루노 헤야가 **세마이**데스
→ 호텔방이 **좁아요**.

× 狭くても安ければいいです。
세마쿠테모 야스케레바 이ー데스
→ **좁아도** 싸면 괜찮아요.

Tip

'새마'에 '이'를 붙여서 '새마이'로 발음해 주세요.
반대말인 '넓다'는 'ひろい(広い)'예요.

감히 나한테 **종이** 한 장?!

사장님이 종이를 들고 화내고 있어요. '감히 나한테 종이 한 장이야?!'라고 하면서요. 뭔가 마음에 안 들었나 봐요.

명사/물건

카 미
かみ [紙]

예문

× 紙とペンをください。
카미토 펭 · 오 쿠다사이
→ **종이**랑 펜을 주세요.

× この紙にサインお願いします。
코노 **카미**니 사잉 · 오네가이시마스
→ 이 **종이**에 사인 부탁해요.

Tip

머리카락도 'かみ(髪)', 신도 'かみ(神)'라고 하는데
한자는 다 달라요.

398 | 좋다

이 -
いい

이~ 해봐. 웃으니 좋다!

동생한테 '이~' 해 보라고 형이 말하고 있어요. 웃으니까 좋다!

예문

彼女はスタイルがいいです。
카노죠와 스타이루가 **이-데스**
→ 그녀는 스타일이 **좋아요**.

天気がいいから散歩しましょう。
텡 · 키가 **이-카라** 삼 · 뽀시마쇼-
→ 날씨가 **좋으니까** 산책합시다.

Tip

'좋아요'는 '이이데스'라고 해요. 부정형은 '요쿠나이데스'예요.

---

399 | 좋아하다

스 키 다
すきだ [好きだ]

좋아하는 스포츠는 스키다.

좋아하는 스포츠는 뭐예요? 일본어를 공부하고 싶으면 뭘 좋아해도 '스키다'라고 대답해 보세요!

예문

私は猫が好きです。
와타시와 네코가 **스키데스**
→ 저는 고양이를 **좋아해요**.

好きな人ができました。
스키나 히토가 데키마시타
→ **좋아하는** 사람이 생겼어요.

Tip

한국어는 동사지만 일본어는 형용사예요. 그래서 일본어에서는 조사 'が(~이/가)'가 붙습니다.

400 | 주무르다

모 무
もむ ［揉む］

몸을 주무르다.

아이가 엄마의 몸을 주무르고 있는데 시원해 보이네요. 주무르는 곳은 자주 뭉치는 몸이죠.

예문

かた　　 も
肩を揉みます。
카타오 모미마스
→ 어깨를 **주물러요.**

かあ　　　　からだ も
お母さん、体揉んであげようか。
오카―상 · 카라다 몬 · 데 아게요―카
→ 엄마, 몸 **주물러 줄까?**

Tip

'모무'와 '모므' 사이의 발음으로 말해 보세요.

---

401 | 줄다

헤 루
へる ［減る］

헬스해서 몸무게가 줄다.

가장 줄었으면 좋겠는 건 무엇일까요? 바로 몸무게! 헬스장을 열심히 다니면 줄겠죠?

예문

らいげつ　　 きゅうりょう　　 へ
来月から給料が減ります。
라이게츠카라 큐―료―가 헤리마스
→ 다음 달부터 월급이 **줄어요.**

うんどう　　　 たいじゅう　 へ
運動したら体重が減りました。
운 · 도―시타라 타이쥬―가 헤리마시타
→ 운동했더니 몸무게가 **줄었어요.**

Tip

반대말인 '늘다'는 'ふえる(増える)'예요.

402 | 즐겁다

타 노 시 -
たのしい [楽しい]

즐겁게 다 노시다.

요양원에서 할머니, 할아버지가 즐겁게 다 노시다. 색종이와 공기놀이로 다 즐겁게 놀고 계시네요.

예문

 今日は楽しい時間でした。
코ー와 **타노시ー** 지칸 · 데시타
→ 오늘은 **즐거운** 시간이었어요.

学校生活は楽しい思い出です。
각 · 코ー세ー카츠와 **타노시ー** 오모이데데스
→ 학교생활은 **즐거운** 추억이에요.

> **Tip**
> 일본에는 '로ー진호ー무(老人ホーム:노인 홈)'이라는 요양시설이 있는데 거기서는 다양한 놀이를 하고 즐겁게 치매 예방도 할 수 있어요.

403 | 지갑

사 이 후
さいふ [財布]

지갑 사이를 후~

지금 지갑을 준비하세요! 지갑 사이를 '후~' 하고 불면 바로 '사이후'를 외울 수 있어요.

예문

 新しい財布を買いました。
아타라시ー **사이후**오 카이마시타
→ 새로운 **지갑**을 샀어요.

 財布の中に千円札があります。
사이후노 나카니 셍 · 엔 · 사츠가 아리마스
→ **지갑** 안에 천 엔 지폐가 있어요.

> **Tip**
> 돈은 '오카네(お金)', 동전은 '코제니(小銭)', 지폐는 '오사츠(お札)'라고 해요.

404 | 지금

이 마
いま [今]

지금 이마가 뜨겁다.

지금 이마에 손을 대보세요. 지금은 일본어로 '이마'니까요. 언어는 행동과 같이하면 바로 외울 수 있어요. 꼭 해보세요!

 예문

 今、何時ですか。
이마 난・지데스카
→ **지금** 몇 시예요?

今、雪が降っています。
이마 유키가 훗・테 이마스
→ **지금** 눈이 내리고 있어요.

Tip

'지금부터'는 '이마카라(今から)', '지금까지'는 '이 마마데(今まで)'예요.

---

405 | 지내다

쿠 라 스
くらす [暮らす]

클라스가 다르게 지내다.

고등학교 동창이랑 클라스(클래스)가 다르게 지내고 있어요. 비교하는 것은 좋지 않지만 어른이 되면 다들 어떻게 지내는지 궁금해지죠?

 예문

日本で暮らしています。
니혼・데 **쿠라시테** 이마스
→ 일본에서 **살고** 있어요.

老後は田舎で暮らしたいです。
로―고와 이나카데 **쿠라시타이**데스
→ 노후는 시골에서 **지내고** 싶어요.

Tip

'지내다'라는 뜻 외에 '살다'라는 뜻도 있어요.

406 | 지다

마 케 루
まける [負ける]

마이켈이 야구에서 지다.

외국인 선수 마이켈(마이클)이 야구 시합에서 져서 울고 있어요. 다음에 더 잘하면 되죠!

예문

※ 試合に負けました。
시아이니 마케마시타
→ 시합에 **졌어요.**

※ 次の試合は負けたくないです。
츠기노 시아이와 **마케타쿠** 나이데스
→ 다음 시합은 **지고 싶지** 않아요.

Tip

가격 등을 '깎다'도 'まける(負ける)'라고 해요. '깎아주세요'는 'まけてください(負けてください)'예요.

---

407 | 지도

치 즈
ちず [地図]

치즈 맛집 지도

도쿄에 가서 치즈 요리를 먹으려고 맛집 지도를 보고 있어요. 치즈를 위한 지도가 일본에 있을 수도 있겠어요!

예문

※ ホテル周辺の地図をください。
호테루 슈ー헨·노 **치즈**오 쿠다사이
→ 호텔 주변의 **지도**를 주세요.

※ 地図を見ながら行きました。
치즈오 미나가라 이키마시타
→ **지도**를 보면서 갔어요.

Tip

치즈는 'チーズ'라고 해요.

408 | 지불하다

하 라 우
はらう [払う]

할아버지가 우선 지불하다.

가족들이 같이 고기집에 갔는데 연장자인 할아버지가 우선 지불해 주셨어요. 할아버지 감사합니다~

예문

 今月の家賃を払います。
콩 · 게츠노 야칭 · 오 **하라이마스**
→ 이번 달 집세를 **지불해요**.

 会費を払ってください。
카이히오 **하랏** · 테 쿠다사이
→ 회비를 **지불해** 주세요.

Tip

'없애다, 제거하다'라는 뜻도 있어요.

---

409 | 지하

치 카
ちか [地下]

지하 화장실에서 치카치카를 한다.

지하에 내려갔더니 화장실이 있어서 치카치카 양치질을 하고 있어요.

예문

 地下1階に行きたいです。
치카 익 · 카이니 이키타이데스
→ **지하** 1층에 가고 싶어요.

 地下に食品売り場があります。
치카니 쇼쿠힝 · 우리바가 아리마스
→ **지하**에 식품매장이 있어요.

Tip

지하 1층은 '치카잇카이(地下一階)', 지하 2층은 '치카니카이(地下二階)'라고 해요.

410 | 지하철

명사/교통

치 카 테 츠
ちかてつ [地下鉄]

지하철이 들어와서, 집 값 뛰었지?

집 앞에 지하철이 들어와서 '집 값 뛰었지?'라고 물어보고 있어요. 지하철은 집 값에 큰 영향을 주죠.

예문

 地下鉄に乗って出勤します。
치카테츠니 놋·테 슉·킨·시마스
→ 지하철을 타고 출근해요.

地下鉄に乗り換えます。
치카테츠니 노리카에마스
→ 지하철을 갈아타요.

Tip
개찰구는 'かいさつぐち(改札口)'라고 해요.

---

411 | 집에 가다/돌아가다

동사/행동

카 에 루
かえる [帰る]

집으로 갈 때 길가에로 갔다.

학교 끝나고 집으로 갈 때, 차 조심하면서 길가에로(길가로) 걸어갔어요.

예문

 3日ぶりに家に帰ります。
믹·카부리니 이에니 카에리마스
→ 3일 만에 집에 가요.

 早く家に帰りなさい。
하야쿠 이에니 카에리나사이
→ 빨리 집에 가.

Tip
반드시 "집"으로 간다는 뜻만 있는 것은 아니에요. 예를 들어 유학생 친구가 공부를 마치고 자신의 나라로 돌아간다고 말할 때도 'かえる(帰る)'라고 해요. 원래 있던 곳으로 간다는 느낌으로 생각하면 좋아요.

이 라 다 츠
いらだつ [苛立つ]

일하다가 쯔쯔쯔 짜증 나다.

가장 짜증 날 때는 언제일까요? 아마도 일할 때가 아닐까요? 일하다 쯔쯔쯔 짜증 나서 혀를 차게 돼요.

예문

しゃちょう きょう いら だ
社長は今日苛立っています。
샤쵸ー와 코ー **이라닷·테** 이마스
→ 사장님은 오늘 **짜증 나** 있어요.

いら だ ひ きゅうけい
苛立つ日は休憩しましょう。
이라다츠 히와 큐ー케ー시마쇼ー
→ **짜증 나는** 날은 휴식해요.

Tip
다른 말로 'いらいらする'라고도 해요.

카 타 오 모 이
かたおもい [片思い]

짝사랑하는 소녀 같다. 어머니는…

어머니가 TV에 빠져 있어요. 요즘 좋아하는 아이돌이 생겨서 짝사랑하는 소녀 같아요.

예문

いま かたおも ちゅう
今、片思い中です。
이마 **카타오모이** 츄ー데스
→ 지금 **짝사랑** 중이에요.

かたおも たの
片思いも楽しいです。
카타오모이모 타노시ー데스
→ **짝사랑도** 즐거워요.

Tip
서로 좋아하는 상태는 'りょうおもい(両思い)'라고 해요.

미 지 카 이
みじかい [短い]

い형용사/상태

머리가 **짧은** 이미지가 있어.

머리가 짧은 이미지가 있는 친구가 있었는데 이제 보니 머리가 많이 길었어요. 언제 길렀지?

예문

✕ 人生は短いです。
진 · 세ー와 **미지카이데스**
→ 인생은 **짧아요**.

✕ 短い髪が似合います。
미지카이 카미가 니아이마스
→ **짧은** 머리가 어울려요.

Tip

반대말인 '길다'는 'ながい(長い)'예요.

토 루
とる [撮る]

동사/행동

멋있는 **도루**를 **찍다**.

프로 야구에서 카메라맨이 도루를 찍고 있어요. 도루하는 찰나의 순간 찍다니 멋진 사진이 나왔을 것 같아요.

예문

✕ 写真を撮ってください。
샤싱 · 오 **톳** · 테 쿠다사이
→ 사진을 **찍어** 주세요.

✕ すみません！動画を撮りました。
스미마셍 · 도ー가오 **토리마시타**
→ 미안해요! 동영상을 **찍었어요**.

Tip

'사진을 찍다'는 'しゃしんをとる(写真を撮る)'라고 해요.

| 비슷한 듯 다른 한국어와 일본어 |

한국과 일본은 한자권 국가라서 발음이 비슷한 어휘가 많아요. 그렇기 때문에 서로 배우기 쉬운 언어라고 생각해요. '조미료-ちょうみりょう(調味料)', '삼각관계-さんかくかんけい(三角関係)', '고속도로-こうそくどうろ(高速道路)'등 발음이 비슷한 걸로 유명한 단어들이 많죠? 이 외에도 공부할 때 굳이 외우려고 하지 않아도 자연스럽게 외워지는 한자어가 많아요. 하지만 외래어의 경우에는 좀 달라요.

최근 온라인에서 수업하는 일이 많아서 'ズーム(줌)'나 'チャット(채팅)'라는 말을 자주 사용하는데, 이렇게 말하면 한국인에게 전혀 통하지 않더라고요. 반대로, 일본인에게 한국식 외래어 발음으로 말해도 똑같은 반응이었어요. 외래어는 외국에서 들어온 말이니까 내가 알고 있는 대로 말해도 상대가 이해할 수 있을 거라고 생각하기 쉽지만, 막상 통하지 않는 게 대부분이에요.

따라서 발음이 비슷하든 비슷하지 않든 정확하게 배워서 사용하는 것이 중요하답니다. 언어의 재미는 이런 차이를 알아차리고 정확히 구별해 쓰는 데 있는 것 같아요.

416 | 차

명사/교통

쿠 루 마
くるま [車]

차 모양 구름아~

하늘에 차 모양의 구름이 있어요. 아이가 '구름아~ 달려~'라고 하면서 하늘을 향해 말하고 있어요.

예문

❌ 車を運転します。
쿠루마오 운 · 텐 · 시마스
→ **차**를 운전해요.

❌ 新しい車を買いました。
아타라시— **쿠루마**오 카이마시타
→ 새로운 **차**를 샀어요.

Tip

자동차는 'じどうしゃ(自動車)'라고 해요.

417 | 책

홍 ·
ほん [本]

책을 찢어서 혼났어.

도서관에 갔는데 책을 찢어서 혼났어요. 책은 소중히 다루어야죠!

예문

✗ 本屋で本を買います。
홍 · 야데 홍 · 오 카이마스
→ 서점에서 **책**을 사요.

✗ 休みの日に本を読みます。
야스미노 히니 홍 · 오 요미마스
→ 쉬는 날에 **책**을 읽어요.

Tip

그림책은 ˈえほん(絵本)ˈ, 그림일기는 ˈえにっき(絵日記)ˈ라고 해요.

---

418 | 책상

츠 쿠 에
つくえ [机]

책상 위에서 축구해!

책상 위에서 공부만 하지 말고 ˈ축구해〜!ˈ 그림과 같은 축구 게임이 있죠?

예문

✗ 机を後ろに移動してください。
츠쿠에오 우시로니 이도ー시테 쿠다사이
→ **책상**을 뒤로 옮겨 주세요.

✗ 机の上に鉛筆があります。
츠쿠에노 우에니 엠 · 피츠가 아리마스
→ **책상** 위에 연필이 있어요.

Tip

책상의 짝꿍, 의자는 ˈいす(椅子)ˈ라고 해요.

419 | 척척

팝 · 빠토
ぱっぱと

바빠도 척척 해내요.

일을 아주 잘하는 직원이에요. 바빠도 척척 일을 해내요.

 **仕事をぱっぱとします。**
시고토오 **팝 · 빠토** 시마스
→ 일을 **척척** 해요.

 **シェフはぱっぱと料理します。**
세후와 **팝 · 빠토** 료ー리시마스
→ 셰프는 **척척** 요리해요.

Tip

'도'를 '토'로 발음하면 더 자연스러워요.

420 | 천천히

육 · 쿠리
ゆっくり

옆구리가 천천히 아파진다.

마라톤에 나갔는데 천천히 옆구리가 아파져요. '천천히'라고 말하면서 옆구리를 손으로 만지면 더 빨리 외울 수 있어요!

 **ゆっくり言ってください。**
육 · 쿠리 잇 · 테 쿠다사이
→ **천천히** 말해 주세요.

 **ごゆっくりどうぞ。**
고육 · 쿠리 도ー조
→ **천천히** 보세요(드세요, 쉬세요).

Tip

반대말인 '빨리'는 'はやく'라고 해요.

421 | 청소

소 － 지
そうじ [掃除]

청소를 안 해주니까, 소 울지.

축사 청소를 안 하니까 소가 울지~ 아저씨 빨리 일어나서 청소 좀 해 주세요!

예문

リビングの<ruby>掃除<rt>そうじ</rt></ruby>をします。
리빙 · 구노 **소ー지**오 시마스
→ 거실 **청소를** 해요.

<ruby>掃除<rt>そうじ</rt></ruby>をしたら<ruby>気持<rt>きも</rt></ruby>ちがいいです。
소ー지오 시타라 키모치가 이ー데스
→ **청소**하면 기분이 좋아요.

Tip

실제로는 '소~지'라고 길게 발음하면 더 자연스러워요.

---

422 | 촌스럽다

다 사 이
ダサい

촌스럽지만 다 사 이거.

친구랑 쇼핑하러 갔는데 유행 지난 촌스러운 물건만 있어요. 하지만 유행은 다시 돌아오니까 우선 '다 사 이거'

예문

<ruby>服<rt>ふく</rt></ruby>がダサいです。
후쿠가 **다사이**데스
→ 옷이 **촌스러워요.**

<ruby>彼<rt>かれ</rt></ruby>はダサい<ruby>格好<rt>かっこう</rt></ruby>をしています。
카레와 **다사이** 칵 · 코ー오 시테 이마스
→ 그는 **촌스러운** 차림을 하고 있어요.

Tip

원래 '다사이'는 1970년대 젊은 사람들의 말이었어요. 현재는 많은 사람들이 쓰는 말로 정착됐어요.

명사/일상생활

오 스 스 메
おすすめ

옥수수 매장의 추천

마트 옥수수 매장에서 맛있는 옥수수를 추천해 주고 있어요. 장 보던 사람들이 다 몰려들고 있네요.

예문

✘ 今日のおすすめメニューです。

코ー노 오스스메 메뉴ー데스
→ 오늘의 추천 메뉴예요.

✘ おすすめの商品はどれですか。
오스스메노 쇼ー힝 · 와 도레데스카
→ 추천 상품은 어떤 거예요?

Tip

일본 사람들은 'おすすめ'라는 단어를 정말 많이 사용해요. 여행 중에 식당이나 가게에서 많이 쓸 수 있어요.

동사/행동

오 도 루
おどる [踊る]

오~ 도로에서 춤춘다!

일본 고치현에서는 매년 그림처럼 도로에 나가서 춤을 춰요. '요사코이'라는 춤인데 일본에서는 축제 때 차량통제를 하고 도로에서 춤을 출 수가 있죠.

예문

✘ 一緒に踊りましょう。

잇 · 쇼니 오도리마쇼ー
→ 같이 춤춰요.

✘ 歌いながら踊りました。

우타이나가라 오도리마시타
→ 노래하면서 춤췄어요.

Tip

춤은 'おどり(踊り)' 또는 'ダンス'라고 해요.

동사/상태

요 우
よう [酔う]

취한 여우

여자와 둘이서 술을 먹고 있었는데 취한 여자가 여우로 변해버렸어요! 혹시 꼬리가 9개는 아닌지...!?

예문

わたし   いっぱい   よ
✗ 私はビール一杯で酔います。
와타시와 비―루 입·빠이데 **요이마스**
→ 저는 맥주 한 잔으로 **취해요**.

さけ   の   よ
✗ お酒を飲みすぎて酔いました。
오사케오 노미스기테 **요이마시타**
→ 술을 너무 마셔서 **취했어요**.

Tip

일본 전래 동화 속에서 여우와 너구리는 사람을 속이고 둔갑하는 동물로 나와요. 'よう(酔う)'는 '멀미 나다'라는 뜻도 있는 것 알아두세요.

명사/일상생활

카 이
かい [階]

스카이(sky) 보이는 층

고층은 스카이(sky)가 잘 보여요. 윗 공기는 다르네요~

예문

わたし   へ や   かい
✗ 私の部屋は２階にあります。
와타시노 헤야와 니**카이**니 아리마스
→ 제 방은 2**층**에 있어요.

たてもの   がい だ
✗ この建物は３階建てです。
코노 타테모노와 상·**가이**다테데스
→ 이 건물은 3**층** 건물이에요.

Tip

1층은 'いっかい(一階)', 2층은 'にかい(二階)', 3층은 'さんがい(三階)'라고 해요.

427 | 치다

히 쿠
ひく [弾く]

악보를 히끗 보면서 치다.

피아노를 치는데 다 외우지 못해서 악보를 히끗(힐끔) 보면서 치고 있어요.

예문

✖ バイオリンを弾きます。
바이오링 · 오 **히키마스**
→ 바이올린을 **쳐요**.

✖ ピアノを弾く練習をします。
피아노오 **히쿠** 렌 · 슈ー오 시마스
→ 피아노를 **치는** 연습을 해요.

Tip

악기 중에서도 현악기를 칠 때 사용해요.

---

428 | 침대

벳 · 도
ベッド

침대 배드(bad)

침대가 오래돼서 잠을 자고 일어나면 몸이 아파요. 이 침대 BAD∿

예문

✖ ふわふわのベッドが買いたい。
후와후와노 **벳 · 도**가 카이타이
→ 푹신푹신한 **침대를** 사고 싶다.

✖ ベッドを一つ追加してください。
벳 · 도오 히토츠 츠이카시테 쿠다사이
→ **침대를** 하나 추가해 주세요.

Tip

'ベット'라고도 해요.

429 | 커피

코 - 히 -
コーヒー

명사/음식

커피 거~의~ 다 마셨어.

카페에서 커피를 시키고 친구를 기다리는데
거의 다 마셨어요.

예문

✗ 毎朝コーヒーを飲みます。
마이아사 코ー히ー오 노미마스
→ 매일 아침 **커피**를 마셔요.

✗ コーヒーに砂糖を入れます。
코ー히ー니 사토ー오 이레마스
→ **커피**에 설탕을 넣어요.

Tip

외래어는 발음이 비슷하지만 의외로 잘 안 통해요.
'커피'처럼 2박자가 아니고 길게 늘여서 4박자로
발음하면 자연스러워요.

430 | 컴퓨터

파 소 콩 ·
パソコン

파손한  컴퓨터

파손한 컴퓨터를 수리받으러 왔어요. 수리하는 사람도 놀라고 있네요. 어떻게 이렇게 파손되었을까...

✗ 新しいパソコンがほしいです。
아타라시ー **파소콩**·가 호시ー데스
→ 새로운 컴퓨터를 갖고 싶어요.

✗ パソコンゲームにはまりました。
파소콩· 게ー무니 하마리마시타
→ **컴퓨터** 게임에 빠졌어요.

> **Tip**
> 'personal computer'를 줄여서 'persocom',
> 'パソコン'이 되었어요. 일본식 외래어예요.

---

431 | 켜다

츠 케 루
つける

집게로 불  켜다.

가스버너에 고기를 구워 먹으려고 하는데 손으로 불 켜는 게 귀찮아서 집게로 켰어요.

✗ テレビをつけます。
테레비오 **츠케마스**
→ TV를 켜요.

✗ 暑いからエアコンをつけましょう。
아츠이카라 에아콩·오 **츠케마쇼ー**
→ 더우니까 에어컨을 켭시다.

> **Tip**
> 반대말인 '끄다'는 'けす(消す)'예요.

432 | 콧물

하 나 미 즈
はなみず [鼻水]

콧물이 **하나도** **미지근하지** 않다!

아이가 콧물이 나오는데 하나도 미지근하지 않고 뜨거워요! 열이 나서 그런가 봐요.

예문

✖ 風邪を引いて鼻水が出ます。
카제오 히ー테 **하나미즈**가 데마스
→ 감기에 걸려서 **콧물**이 나와요.

✖ 鼻水を拭きます。
하나미즈오 후키마스
→ **콧물**을 닦아요.

Tip

'はな(鼻)'는 코, 'みず(水)'는 물이라는 뜻이에요.
코피는 'はなぢ(鼻血)'라고 해요.

---

433 | 콩

마 메
まめ [豆]

이 **콩** 내 **맘**에 들어~

콩 요리를 먹는데 너무 맛있어요. 이 콩이 맘에 드네!

예문

✖ 子供は豆が嫌いです。
코도모와 **마메**가 키라이데스
→ 아이는 **콩**을 싫어해요.

✖ 香りがいいコーヒー豆を買った。
카오리가 이ー 코ー히ー**마메**오 캇·타
→ 향이 좋은 커피**콩**을 샀다.

Tip

일본에서도 콩을 많이 먹어요. '검은콩'은 'くろま
め(黒豆)'라고 해요.

おおきい [大きい]
오 – 키 –

い형용사/상태

크지만 오키

큰 옷도 잘 입으면 예뻐요. 그래서 오키(OK)~
하고 있나 봐요.

예문

✘ 子供が大きくなりました。
코도모가 **오－키쿠** 나리마시타

→ 아이가 **컸어요.**

✘ もっと大きいサイズをください。
못 · 토 **오－키－** 사이즈오 쿠다사이

→ 조금 더 **큰** 사이즈를 주세요.

Tip

'오~키~'처럼 길게 발음하면 더 자연스러워요.

ちょうじょ [長女]
쵸 – 죠

명사/가족

초조한 큰딸

큰딸은 고3 수험생이에요. 수능까지 얼마 남지
않아서 초조해요.

예문

✘ 長女は頼もしい。
쵸－죠와 타노모시－

→ **큰딸**은 믿음직하다.

✘ 三姉妹の長女です。
산 · 시마이노 **쵸－죠**데스

→ 세 자매의 **큰딸**이에요.

Tip

'초'를 길게 발음하면 자연스러워요.

436 | 타다

동사/행동

노 루
のる [乗る]

노르웨이행을 **타다.**

《노르웨이의 숲》이라는 일본 소설책을 좋아하는 사람이 노르웨이행 비행기를 탔어요.

예문

✷ タクシーに乗って駅まで行く。
타쿠시—니 **놋·테** 에키마데 이쿠
→ 택시를 **타고** 역까지 간다.

✷ バスはどこで乗りますか。
바스와 도코데 **노리마스카**
→ 버스는 어디에서 **타나요?**

Tip

한국어는 '~을/를 타다'라고 하지만 일본어는 '~에 타다=にのる(に乗る)'라고 해요.

437 | 타워

명사/장소

타 와 -
タワー

타워에 다 왔다.

타워는 언덕 위에 있는 경우가 많아요. 열심히 걸어서 올라가면 '휴~ 다 왔다'라고 말이 나와요.

예문

× 東京タワーがよく見えます。
토―쿄―**타와―**가 요쿠 미에마스
→ 도쿄**타워**가 잘 보여요.

× ソウルタワーの夜景が見たい。
소우루**타와―**노 야케―가 미타이
→ 서울**타워**의 야경이 보고 싶다.

Tip

'타와~'라고 길게 발음하면 더 자연스러워요.

---

438 | 태어났다

동사과거형

우 마 레 타
うまれた [生まれた]

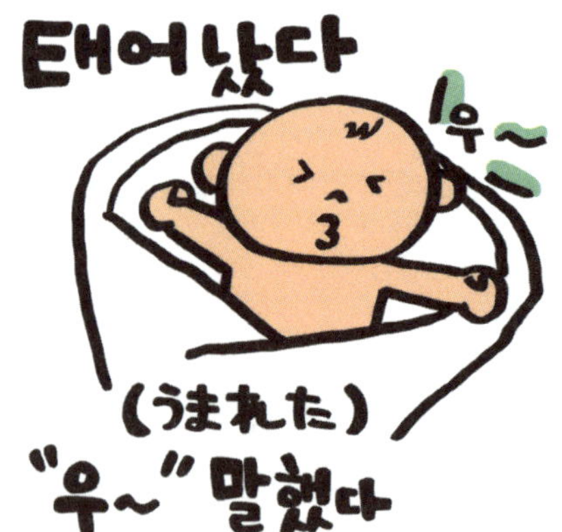

태어난 아기가 '우~'라고 말했다.

방금 막 아기가 태어났어요. 그런데 울면서 '우~'라고 말했대요. 혹시 언어 천재가 되려나요!?

예문

× 昨日、赤ちゃんが生まれた。
키노― 아카짱 · 가 **우마레타**
→ 어제 아기가 **태어났다**.

× 生まれたときから小さいです。
우마레타 토키카라 치―사이데스
→ **태어났을** 때부터 작아요.

Tip

'우~'라고 썼지만, 짧게 '우말했다'라고 하면 더 자연스러워요. 더욱 정확한 발음은 '우마레타'에 가까워요.

439 | 털

케
け [毛]

털이 많은 개

털이 많은 개를 쓰다듬어줬더니 털이 잔뜩 빠지네요. 털이라고 하면 그림의 털 많은 개를 떠올려 보세요.

 服に犬の毛がついています。
후쿠니 이누노 **케**가 츠이테 이마스
→ 옷에 개털이 붙어 있어요.

 羊の毛を刈ります。
히츠지노 **케**오 카리마스
→ 양털을 깎아요.

Tip

동물뿐만 아니라 사람 신체에 있는 털도 말할 수 있어요. 머리카락은 'かみのけ(髪の毛)'라고 해요.

---

440 | 토끼

우 사 기
うさぎ

토끼랑 우주 살기

토끼가 달에 살고 있다는 이야기는 일본에도 있어요. 토끼랑 우주 살기 할 수 있으면 얼마나 좋을까요?

 うさぎが人参を食べます。
우사기가 닌 · 징 · 오 타베마스
→ **토끼**가 당근을 먹어요.

小さいころうさぎを飼いました。
치ー사이코로 **우사기**오 카이마시타
→ 어렸을 때 **토끼**를 키웠어요.

Tip

'우(주)살기'의 '살'을 '사'로 바꾸어 '우사기'라고 발음하세요.

441 | 특수하다

な형용사/상태

토 쿠 슈 다
とくしゅだ [特殊だ]

특수한 토크쇼다.

일본 개그맨 콤비의 토크쇼에 왔어요. 한국은 개그맨이 보통 혼자 활동하지만, 일본은 둘이서 짝지어서 토크쇼를 해요. 특수하죠?

예문

❌ この機械は特殊です。
코노 키카이와 토쿠슈데스.
→ 이 기계는 특수해요.

❌ 彼女には特殊な才能があります。
카노죠니와 토쿠슈나 사이노ー가 아리마스
→ 그녀에게는 특수한 재능이 있어요.

Tip
'토크쇼다'의 '쇼'를 '슈'로 바꿔주세요.

---

442 | 튼튼하다

な형용사/상태

죠 ー 부 다
じょうぶだ [丈夫だ]

튼튼한 조부다.

우리 조부(할아버지)는 나이에 비해 정정하고 몸이 튼튼하세요. '우리 조부다~!'라고 손자가 자랑하고 있어요.

예문

❌ 弟は体が丈夫だ。
오토ー토와 카라다가 죠ー부다
→ 남동생은 몸이 튼튼하다.

❌ この筆箱はとても丈夫です。
코노 후데바코와 토테모 죠ー부데스
→ 이 필통은 아주 튼튼해요.

Tip
사람에게도 말할 수 있고 물건에도 말할 수 있어요. '조~부다'라고 '조'를 길게 발음해 보세요.

동사/상태

마 치 가 우
まちがう [間違う]

맞지가 않아... 틀리다.

시험지를 채점하는데 틀린 문제가 있어요. 틀렸다는 건 정답과 맞지가 않다는 거죠.

예문

みち まちが
※ 道を間違えました。
미치오 **마치가에마시타**

→ 길을 **틀렸어요**.

えいたん ご   まちが
※ 英単語のスペルを間違えた。
에ー탕・고노 스페루오 **마치가에타**

→ 영단어의 철자를 **틀렸다**.

Tip

'맞지가' 뒤에 '우'를 넣어주세요. 일본어 동사의
마지막 글자는 모두 う단으로 끝난답니다.
※ う단 : う、く、す、つ、ぬ、ふ、む、ゆ、る

명사/일상생활

히 마
ひま [暇]

틈만 나면 나의 힘아〜

하교 후에 틈만 나면 오락실에 가서 펀치 게임을 해요. '나의 힘아〜〜〜'라고 하면서 힘을 과시하네요.

예문

やす ひま
※ 休む暇もないです。
야스무 **히마**모 나이데스

→ 쉴 **틈**도 없어요.

えい が   み   ひま   つぶ
※ 映画を見て暇を潰す。
에ー가오 미테 **히마**오 츠부스

→ 영화를 보며 **시간**을 때우다.

Tip

관용표현 'ひまをつぶす(暇を潰す:시간을 때우다)'
도 같이 알아두면 좋아요.

Track 13

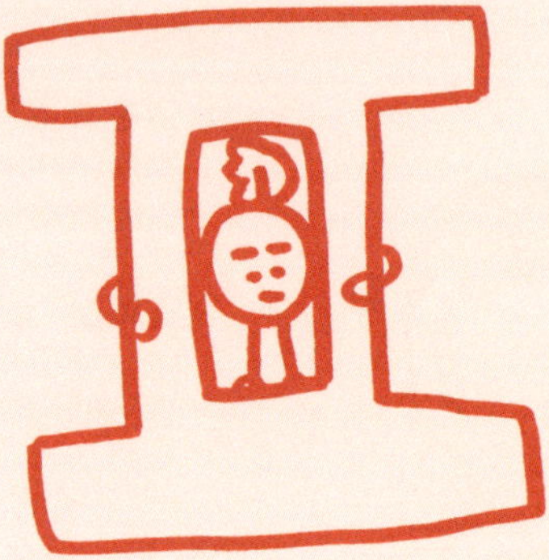

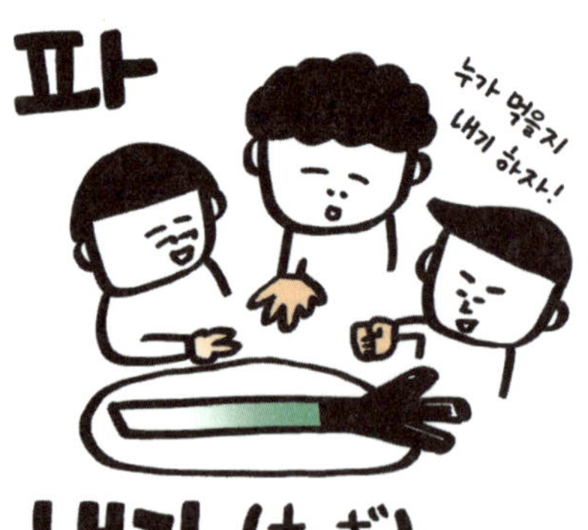

445 | **파**

명사/채소

네 기
ねぎ

파 먹기 내기

친구끼리 파를 누가 먹을지 내기하고 있어요. 파는 매우니까 걸리면 정말 싫겠어요.

예문

みそしる　　　い
味噌汁にねぎを入れます。
미소시루니 **네기**오 이레마스
→ 된장국에 **파**를 넣어요.

こま　きざ
ねぎを細かく刻みます。
네기오 코마카쿠 키자미마스
→ **파**를 썰어요.

Tip

대파는 'ながねぎ(長ねぎ)', 실파는 'ほそねぎ(細ねぎ)', 쪽파는 'わけぎ'라고 해요.

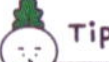

446 | 파랑다

아 오 이
あおい [青い]

아~ 오이가 파랗다.

아저씨가 오이 농사를 짓는데 올해도 '아~ 오이가 파랗게 자랐다'라고 하면서 기뻐하고 있어요.

예문

きょう　　そら　あお
今日は空が青いです。
코ー와 소라가 **아오이**데스
→ 오늘은 하늘이 **파래요**.

あお　　　　　　　　　か
青いワンピースを買いました。
아오이 왐·피ー스오 카이마시타
→ **파란** 원피스를 샀어요.

Tip
'푸르다'도 'あおい(青い)'예요. 색깔을 말할 때는
'い'를 빼고 'あお(青:파랑)'라고 해요.

---

447 | 팔

우 데
うで [腕]

팔의 완장을 보고 우대

팔에 "VIP" 완장을 끼고 있어서 바로 우대받았어요.

예문

とう　　　　　うで　　ふと
お父さんは腕が太いです。
오토ー상·와 **우데**가 후토이데스
→ 아빠는 **팔**이 굵어요.

こ ども　　　　かあ　　　　　うで　　つか
子供がお母さんの腕を掴みます。
코도모가 오카ー산·노 **우데**오 츠카미마스
→ 아이가 엄마의 **팔**을 잡아요.

Tip
팔씨름은 'うでずもう(腕相撲)'라고 해요.

동사/행동

우 루
うる [売る]

울 코트를 팔다.

겨울맞이 쇼핑하러 백화점에 갔어요. 따뜻한 울 코트를 팔고 있네요.

예문

✘ **商品**をたくさん**売**ります。
쇼ー힝 · 오 타쿠상 · **우리마스**
→ 상품을 많이 **팔아요**.

✘ **店**で**日本**の**醤油**を**売**っています。
미세데 니혼 · 노 쇼ー유오 웃 · 테 이마스
→ 가게에서 일본 간장을 **팔고** 있어요.

Tip

일본에도 당근마켓과 비슷한 'メルカリ'라는 앱이 있어요. 사람들이 여기서 물건을 많이 사고팔아요.

명사/과일

부 도 -
ぶどう [葡萄]

포도 농장이 부도가 났다.

요즘 농사가 잘 안돼서 포도 농장이 부도가 났어요. 하지만 일본에서는 부도가 나지 않아도 포도는 항상 '부도'예요.

예문

✘ デザートにぶどうを**食**べました。
데자ー토니 **부도**ー오 타베마시타
→ 후식으로 **포도**를 먹었어요.

✘ ぶどうは**甘**くておいしいです。
부도ー와 아마쿠데 오이시ー데스
→ **포도**는 달콤하고 맛있어요.

Tip

거봉은 'きょほう(巨峰)', 샤인머스캣은 'シャインマスカット'라고 해요.

450 | 표

킵 · 뿌
きっぷ [切符]

표를 킵(keep)

일본 여행을 가서 기차표를 미리 킵(keep) 해 놓으면 안심이 되죠? 표는 그래서 keep이에요.

예문

駅で切符を買います。
에키데 **킵·뿌**오 카이마스
→ 역에서 **표**를 사요.

新幹線の切符を予約しました。
싱·칸·센·노 **킵·뿌**오 요야쿠시마시타
→ 신칸센 **표**를 예약했어요.

Tip

콘서트나 공연의 표는 'チケット'라고 해요.

---

451 | 피

치
ち [血]

피를 지혈

많이 다쳤나 봐요. 피를 철철 흘리고 있어요. 피를 많이 흘리면 위험하니 얼른 지혈해야 해요.

예문

怪我をして血が出ました。
케가오 시테 **치**가 데마시타
→ 다쳐서 **피**가 났어요.

額から血が流れます。
히타이카라 **치**가 나가레마스
→ 이마에서 **피**가 흘러요.

Tip

'치'에 가까운 소리를 내면 더 자연스러워요.

452 | 피리

후에
ふえ [笛]

피리는 캐스터네츠 후에

일본 초등학교에서 피리는 다루기 어려우니까 먼저 캐스터네츠 같은 쉬운 악기를 한 후에 배워요. 다른 악기를 한 후에 배우니까 피리는 '후에'예요.

예문

✘ お祭りで笛を吹きます。
오마츠리데 후에오 후키마스
→ 축제에서 **피리**를 불어요.

✘ 夜に笛を吹くと、蛇が出ます。
요루니 후에오 후쿠토 헤비가 데마스
→ 밤에 **피리**를 불면 뱀이 나와요.

Tip

'피리를 불다'는 'ふえをふく(笛を吹く)'라고 해요.

---

453 | 피부

히 후
ひふ [皮膚]

피부는 소중히 후~

아이 다리에 상처가 났어요. 흉이 남지 않도록 약을 잘 발라주면서 후~ 불어줘요. 소중히 후~

예문

✘ 皮膚が弱いから注意します。
히후가 요와이카라 츄ー이시마스
→ **피부**가 약하니까 주의해요.

✘ 明日、皮膚科に行きます。
아시타 **히후**카니 이키마스
→ 내일 피부과에 가요.

Tip

비슷한 말로 'はだ(肌)'도 알아두면 좋아요.

| 일본 사투리의 매력 |

일본도 한국처럼 사투리가 있어요. ほうげん(方言) 또는 なまり(訛り)라고 하고. 보통은 지역 이름 뒤에 べん(弁)을 붙여 かんさいべん(関西弁:관서 사투리) 이런 식으로 말해요. 한국과 비슷하게 지역마다 사용하는 단어와 어미, 억양의 차이가 있어요.

가장 유명한 건 かんさいべん(関西弁)이에요. '고마워'는 ありがとう 대신 おおきに, '정말?'은 ほんと？가 아닌 ほんま？라고 해요. 개그맨들이 자주 써서 유쾌한 이미지가 강해요. 제 고향인 시마네에서 사용하는 いずもべん(出雲弁)은 어미 '~だよ'를 '~だに'라고 하고, '~だから'를 '~だけん'이라고 해요. 다른 지역보다 느긋하고 여유 있는 말투가 특징이죠. 또 오키나와처럼 본토에서 떨어진 지역은 독자적인 어휘와 억양을 가지고 있어 거의 다른 언어처럼 들리기도 해요. 일본의 사투리는 단순한 말투가 아니라, 그 지역의 성격과 문화를 보여주는 또 하나의 언어랍니다.

454 | 하늘

하늘에 소라

청계천에 있는 소라를 위로 들어 올려다보면 하늘이 보여요. 하늘에 소라가 어울리네요.

예문

 空に雲が浮かんでいます。
소라니 쿠모가 우칸 · 데 이마스
→ 하늘에 구름이 떠 있어요.

 秋の空は高いですね。
아키노 소라와 타카이데스네
→ 가을 하늘은 높네요.

Tip

별하늘은 '호시조라(星空)', 푸른 하늘은 '아오조라(青空)'처럼 앞에 단어가 붙으면 발음이 '조라'가 돼요.

455 | 하다

스 루
する

슬슬 공부하다.

게임을 하고 있는데 엄마가 와서 슬슬 공부하라고 하시네요. 게임은 그만두고 이제 슬슬 공부할게요.

예문

✗ 今日、必ずします。 
코ー 카나라즈 **시마스**
→ 오늘 꼭 **해요**.

✗ 今度は海に行くことにする？ 
콘·도와 우미니 이쿠 코토니 **스루**
→ 다음에는 바다에 가는 걸로 **할래?**

Tip
공부하다는 'べんきょうする(勉強する)', 요리하다는 'りょうりする(料理する)'처럼 'する' 앞에 명사를 붙여서 많이 써요.

---

456 | 하마

카 바
かば

하마한테 가 봐.

하마를 무척 좋아하는 아이예요. 동물원에 도착하자마자 아빠가 하마한테 '얼른 가 봐~'라고 하고 있어요.

예문

✗ 動物園でかばを見ました。 
도ー부츠엔·데 **카바**오 미마시타
→ 동물원에서 **하마**를 봤어요.

✗ かばは大きくてかわいいです。 
카바와 오ー키쿠테 카와이ー데스
→ **하마**는 크고 귀여워요.

Tip
한자로는 '河馬'라고 쓰고 한국 한자와 같아요.

457 | 학교

명사/장소

각 · 코 —
がっこう [学校]

학교에 책을 **갖고** 간다.

일본 초등학교는 란도셀이라는 가방을 메고 다녀요. 튼튼해서 교과서도 매일 갖고 갈 수 있어요.

예문

あした　　　がっこう　　い
明日から学校に行きます。
아시타카라 **각·코**—니 이키마스

→ 내일부터 **학교**에 가요.

がっこう　　　ある　　　ふん
学校まで歩いて 5 分です。
각·코—마데 아루이테 고훈·데스

→ **학교**까지 걸어서 5분이에요.

Tip

초등학교는 'しょうがっこう(小学校)', 중학교는 'ちゅうがっこう(中学校)'라고 해요.

---

458 | 한가하다

な형용사/상태

히 마 다
ひまだ [暇だ]

한가한 게 **희망이다**.

너무 바쁜 일상생활을 보내다 보니 한가한 게 희망이다. 이건 모든 회사원들의 희망일 것 같네요.

예문

きょう　　　ご ご　　　ひま
今日の午後は暇です。
쿄—노 고고와 히마데스

→ 오늘 오후는 **한가해요**.

ひま　　とき　　なに
暇な時は何をしますか。
히마나 토키와 나니오 시마스카

→ **한가할** 때는 뭘 해요?

Tip

비슷한 뜻의 '심심하다'는 'たいくつだ(退屈だ)'라고 해요.

459 | 한국

명사/나라

캉 · 코쿠
かんこく [韓国]

한 번 꼭 가야 할 한국

한국은 음식도 맛있고, 볼거리도 많고 관광하기 정말 좋은 나라예요. 죽기 전에 한 번 꼭 가봐야 하는 나라죠.

예문

× **韓国**に**来**たことがありますか。
캉 · 코쿠니 키타 코토가 아리마스카
→ **한국**에 와 본 적이 있어요?

× **韓国**にぜひ**来**てください。
캉 · 코쿠니 제히 키테 쿠다사이
→ **한국**에 꼭 오세요.

Tip

한국인은 'かんこくじん(韓国人)'이라고 해요.

---

460 | 한자

명사/일상생활

칸 · 지
かんじ [漢字]

한자 공부하러 간 지 얼마나 됐지?

아이가 한자를 정말 잘하나봐요. 학원에 간 지 얼마나 됐지? 엄마는 궁금해져요.

예문

× **漢字**が**難**しいです。
칸 · 지가 무즈카시ー데스
→ **한자**가 어려워요.

× この**漢字**は**何**と**読**みますか。
코노 칸 · 지와 난 · 토 요미마스카
→ 이 **한자**는 뭐라고 읽어요?

Tip

일본의 초, 중학교에서 배우는 한자는 총 2,136자예요. 이것을 상용한자라고 해요.

※ 상용한자 : 법령, 공용 문서, 신문, 잡지, 방송 등 일반 사회 생활에서 사용할 때, 효율적으로 공통성이 높은 한자를 모아 알기 쉽고 소통하기 쉬운 문장을 표기하기 위한 한자 사용의 기준

461 | 핸드폰

케 ― 타 이
けいたい [携帯]

핸드폰을 **캤다이**

핸드폰은 자주 잃어버려요. 어디에 놔뒀는지 계속 찾을 때 있죠? 오늘은 놀이터에서 잃어버렸는지 땅속에서 캤다이~

예문

携帯で電話をします。
케―타이데 뎅·와오 시마스
→ 핸드폰으로 전화를 해요.

携帯の電源を切ってください。
케―타이노 뎅·겡·오 킷·테 쿠다사이
→ 핸드폰의 전원을 꺼 주세요.

Tip

'けいたい'는 휴대라는 뜻이에요. 스마트폰은 'スマホ'라고 해요.

462 | 행주

후 킹 ·
ふきん [布巾]

행주로 후라이드 기름을 닦는다.

치킨집에 가면 테이블이 미끌미끌해서 싫을 때 있죠? 그럴 때는 행주로 닦아요. 후라이드(프라이드) 기름을!

예문

布巾がとても汚いです。
후킹·가 토테모 키타나이데스
→ 행주가 너무 더러워요.

こぼれた水を布巾で拭いた。
코보레타 미즈오 후킹·데 후이타
→ 엎지른 물을 행주로 닦았다.

Tip

물티슈는 'ウエットティッシュ'라고 해요.

명사/신체

코 시
こし [腰]

고시 준비하다 허리를 다쳤다.

계속 의자에 앉아서 고시 공부를 하다 보니 허리가 아파요. 꼭 고시 공부를 하지 않는 사람도 허리는 조심해야 해요.

예문

こし いた
腰が痛いです。
코시가 이타이데스
→ 허리가 아파요.

かみ こし
髪が腰まであります。
카미가 코시마데 아리마스
→ 머리카락이 허리까지 있어요.

Tip

허리띠는 '베ルト'라고 해요.

동사/행동

오 요 구
およぐ [泳ぐ]

오~ 요구간에서는 헤엄쳐도 된다.

수영장에 가면 어린이용으로 깊이가 얕은 구간이 있죠? 헤엄칠 때는 '요~ 구간'을 지켜야 안전해요.

예문

およ
プールで泳ぎます。
푸ー루데 오요기마스
→ 수영장에서 헤엄쳐요.

わたし およ す
私は泳ぐのが好きです。
와타시와 오요구노가 스키데스
→ 저는 헤엄치는 걸 좋아해요.

Tip

'수영하다'는 'すいえいする(水泳する)'라는 한자어가 있어요.

465 | 혀

시 타
した [舌]

혀를 씻다.

양치할 때는 혀까지 씻어야 해요. 혀도 씻다!

예문

✗ 子供が舌を出します。
코도모가 **시타**오 다시마스
→ 아이가 **혀**를 내밀어요.

✗ 舌を噛みました。
시타오 카미마시타
→ **혀**를 깨물었어요.

Tip

같은 발음으로 'した(下)'는 '아래, 밑'이라는 뜻이
있어요.

---

466 | 형/오빠

아 니
あに [兄]

우리 형 아니에요.

우리 형은 얼굴이 무섭게 생겨서 다른 사람에
게 형이라는 걸 알리기 싫어요. 그래서 '우리 형
아니에요'라고 말해요.

예문

✗ 兄は2歳上です。
아니와 니사이 우에데스
→ **형(오빠)**은 2살 위예요.

✗ 兄がお小遣いをくれました。
아니가 오코즈카이오 쿠레마시타
→ **형(오빠)**이 용돈을 줬어요.

Tip

남에게 소개할 때 사용하고, 직접 부를 때는 'おに
いちゃん(お兄ちゃん)'이나 'おにいさん(お兄さん)'이
라고 해요.

467 | 형사

케 ― 지
けいじ [刑事]

형사가 케이지에 갇혔다.

형사가 수사하다가 케이지에 갇혔어요. 수사할 때는 위험한 일에 휘말릴 수 있으니 조심해야 해요.

예문

かれ　けいじ
✘ 彼は刑事です。
카레와 **케―지**데스
→ 그는 **형사**예요.

けいじ　じけん
✘ これは刑事事件です。
코레와 **케―지**지켄 · 데스
→ 이건 **형사**사건이에요.

Tip

'케~지'라고 길게 발음하면 자연스러워요.

---

468 | 형제

쿄 ― 다 이
きょうだい [兄弟]

형제가 다니는 학교다이

인기 많은 형제가 다니는 학교 앞에 여학생이 모여 있어요. 여기가 그 형제가 다니는 학교다이~!

예문

きょうだい
✘ 兄弟はいますか。
쿄―**다이**와 이마스카
→ **형제**는 있어요?

きょうだい　なか
✘ 兄弟の仲がいいです。
쿄―**다이**노 나카가 이―데스
→ **형제** 사이가 좋아요.

Tip

자매는 'しまい(姉妹)'라고 해요. 그렇지만 남녀 구분 없이 'きょうだい(兄弟)'라고 많이들 해요.

469 | 호랑이

토 라
とら [虎]

호랑이가 나무를 돌아.

호랑이가 먹잇감을 찾고 있는지 나무 주변을 돌고 있어요.

예문

✘ 虎とライオンが戦っています。
토라토 라이옹 · 가 타타캇 · 테 이마스
→ **호랑이**와 사자가 싸우고 있어요.

✘ 虎の絵を描きました。
토라노 에오 카키마시타
→ **호랑이** 그림을 그렸어요.

Tip

사자는 '**ライオン**'이라고 해요.

470 | 화장실

토 이 레
トイレ

화장실... 내가 또 이래~

자꾸만 화장실에 가고 싶어요. 내가 또 이래...

예문

✘ トイレはどこですか。
토이레와 도코데스카
→ **화장실**은 어디예요?

✘ トイレを使ってもいいですか。
토이레오 츠캇 · 테모 이ー데스카
→ **화장실**을 사용해도 될까요?

Tip

화장실은 '**おてあらい(お手洗い)**'라고도 해요. 손을 씻는 곳이라는 뜻인데 좀 더 돌려서 표현한 말이에요.

471 | 화재

카 지
かじ [火事]

가지로 화재

나뭇가지를 땔감으로 모아서 고구마를 구워 먹으려고 했는데 화재가 났어요. 언제나 불조심해야 해요.

예문

か じ　　こわ
火事は怖いです。
카지와 코와이데스
→ **화재**는 무서워요.

し ない　　か じ　　お
市内で火事が起きました。
시나이데 **카지**가 오키마시타
→ 시내에서 **화재**가 났어요.

Tip

'불이야'는 'かじだ(火事だ)'라고 해요. 화재가 나면 주변 사람에게 이렇게 알리는 게 중요해요.

---

472 | 확인하다

타 시 카 메 루
たしかめる [確かめる]

다시 카메라로 확인하다.

카메라로 사진을 찍었는데 잘 나왔는지 궁금해요. 다시 카메라로 확인해야겠다!

예문

ま ちが　　　　　　 たし
間違いがないか確かめる。
마치가이가 나이카 **타시카메루**
→ 실수가 없는지 **확인하다**.

ひ　　　　　　　　 いち ど たし
日にちをもう一度確かめる。
히니치오 모ー이치도 **타시카메루**
→ 날짜를 다시 한 번 **확인하다**.

Tip

'かくにんする(確認する)'라는 한자어도 있어요.

473 | 회사원

명사/직업

카 이 샤 잉 ·
かいしゃいん [会社員]

회사원이 가위로 샤인머스캣을 자른다.

휴식 시간인지 손님이 오셨는지 탕비실에서 가위로 샤인마스캣을 자르고 있어요.

예문

❌ 彼女は真面目な会社員です。
카노죠와 마지메나 **카이샤인** · 데스
→ 그녀는 성실한 **회사원**이에요.

❌ 母は会社員として35年間働いた。
하하와 **카이샤인** · 토시테 산 · 쥬一고넹 · 캉 · 하타라이타
→ 엄마는 **회사원**으로 35년간 일했다.

Tip

회사는 'かいしゃ(会社)'라고 하고 사원은 'しゃいん(社員)'이라고 해요. 같이 외우면 일석삼조!

---

474 | 흐림

명사/자연

쿠 모 리
くもり [曇り]

흐림이면 그 머리

날씨가 흐리면 머리가 부스스해지죠? 그 머리… 날씨가 흐리면 그 머리를 생각해 보세요.

예문

❌ 今日の天気は曇りです。
코一노 텡 · 키와 **쿠모리**데스
→ 오늘 날씨는 **흐림**이에요.

❌ 明日は全国的に曇りです。
아시타와 젱 · 코쿠테키니 **쿠모리**데스
→ 내일은 전국적으로 **흐림**이에요.

Tip

'흐리다'라는 동사는 'くもる(曇る)'라고 해요.

475 | 흥미

코 ― 미
きょうみ [興味]

학교 미술에 흥미가 있다.

어렸을 때 학교 과목 중에 흥미가 있는 게 뭐였나요? 학교 미술은 다양한 도구와 재료로 흥미로운 활동을 해서 재밌었던 기억이 있어요.

 日本の文化に興味があります。
니혼 · 노 붕 · 카니 **쿄―미**가 아리마스
→ 일본 문화에 **흥미**가 있어요.

 興味津々で話を聞いています。
쿄―미싱 · 싱 · 데 하나시오 키―테 이마스
→ **흥미**진진하게 이야기를 듣고 있어요.

Tip

한국어의 '관심'과 비슷한 상황에서 쓰이기도 해요.

---

476 | 힘들다

타 이 헨 · 다
たいへんだ [大変だ]

힘들지만 일이 있어서 다행이다.

열심히 일하느라 힘들지만 그래도 일이 없는 것보다는 낫죠? 힘든 것도 다른 시각으로 보면 참 다행인 일인 것 같아요.

 宿題がたくさんあって大変です。
슈쿠다이가 타쿠상 · 앗 · 테 **타이헨** · 데스
→ 숙제가 많이 있어서 **힘들어요**.

 大変な仕事をしています。
타이헨 · **나** 시고토오 시테 이마스
→ **힘든** 일을 하고 있어요.

Tip

'다행이다'의 '행'과 '이'의 순서를 바꾸어 '다이행다'로 발음하면 더 자연스러워요.

다시마빵의 고로고로 일본어

주제별

일상에서 유용한 주제를 선정하여 어휘를 추가적으로 수록했습니다.

계절, 색깔, 요일, 위치와 관련된 36개의 어휘도 함께 외워보아요

계절

477 | 계절

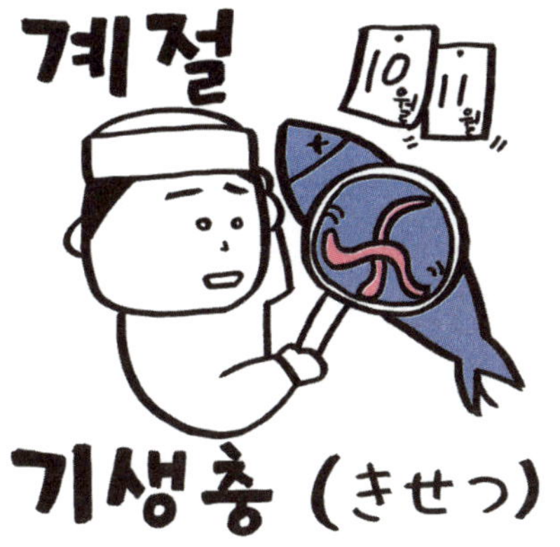

명사

키 세 츠
きせつ [季節]

기생충이 나오는 계절이다.

요리사가 생선을 자세히 들여다보고 있어요. 이 계절엔 특히 기생충이 발생할 수 있어서 주의해야 해요.

예문

どんな季節が好きですか。
돈 · 나 **키세츠**가 스키데스카
→ 어떤 계절을 좋아해요?

私は暖かい季節が好きです。
와타시와 아타타카이 **키세츠**가 스키데스
→ 저는 따뜻한 계절을 좋아해요.

Tip
사계절은 'しき(四季)'라고 해요.

명사

はる [春]
_{하 루}

봄

하루
(はる)

봄에 하루 종일 꽃놀이한다.

봄이 되면 일본에서는 벚꽃이 많이 피어서 하루 종일 꽃놀이해도 심심하지 않아요.

예문

春になったらお花見をします。

하루니 낫 · 타라 오하나미오 시마스

→ **봄**이 되면 꽃구경을 해요.

季節の中で春が一番好きです。

키세츠노 나카데 **하루**가 이치방 · 스키데스

→ 계절 중에서 **봄**을 가장 좋아해요.

Tip

'붙이다'도 'はる(貼る)'로 같은 발음이에요.

명사

なつ [夏]
_{나 츠}

여름 보양식으로 낙지를 먹었다.

더운 여름에 보양식으로 뭘 먹어야 좋을까요?
일본어를 공부하고 싶으면 여름에 낙지를 드세요~!

예문

今年の夏はとても暑いです。

코토시노 **나츠**와 토테모 아츠이데스

→ 올해 **여름**은 너무 더워요.

夏は海に行きます。

나츠와 우미니 이키마스

→ **여름**에는 바다에 가요.

Tip

'나츠'와 '나쓰' 사이 발음을 해 보세요.

480 | 가을

아 키
あき [秋]

가을은 겨울을 위해 음식을 아끼다.

엄마 곰, 아기 곰이 먹이를 모았네요. 야생동물은 가을이 되면 추운 겨울을 나기 위해 최대한 먹이를 모아두고 아끼면서 산답니다.

아 키   타   모노   키 세츠
秋は食べ物がおいしい季節です。
아키와 타베모노가 오이시― 키세츠데스
→ **가을**은 음식이 맛있는 계절이에요.

아 키   도쿠쇼   키 세츠
秋といえば読書の季節。
아키토 이에바 도쿠쇼노 키세츠
→ **가을**이라고 하면 독서의 계절.

> **Tip**
> 단풍은 'もみじ(紅葉)'라고 해요.

---

481 | 겨울

후 유
ふゆ [冬]

겨울은 '후유~, 추워!'

겨울에 손이 시려서 입김을 '후유~' 불며 손을 따뜻하게 하고 있어요.

후유야스   니 혼   이
冬休みは日本に行きます。
후유야스미와 니혼・니 이키마스
→ **겨울**방학은 일본에 가요.

코 토시   후 유   사무
今年の冬は寒いです。
코토시노 **후유**와 사무이데스
→ 올해 **겨울**은 추워요.

> **Tip**
> 한겨울은 'まふゆ(真冬)'라고 해요.

색깔

---

482 | 하얀색

명사

시 로
しろ [白]

하얀색은 싫어.

하얀색 옷에 고추장이 묻었어요. 하얀색 옷은 세탁해도 잘 안 지워지니까 싫어~!

しろ　くろ　　す
白と黒が好きです。
히로토 쿠로가 스키데스
→ **하얀색**이랑 검은색을 좋아해요.

しろ　ティー　　　　よご
白のＴシャツが汚れました。
시로노 티—샤츠가 요고레마시타
→ **하얀색** 티셔츠가 더러워졌어요.

🌱 **Tip**

색을 나타낼 때는 뒤에 '이로(色)'를 붙이기도 하지만 회화에서는 '시로(白)'라고 할 때가 많아요. '하얗다'라는 형용사는 '시로이(白い)'예요.

483 | 검은색

명사

쿠 로
くろ [黒]

야구로 피부가 **검은색**이 되었다.

햇볕 아래에서 열심히 야구했더니 피부가 까매졌어요.

예문

✗ 制服の色は黒です。
세ー후쿠노 이로와 **쿠로**데스
→ 교복 색깔은 **검은색**이에요.

✗ 黒はコーデしやすいです。
쿠로와 코ー데시야스이데스
→ **검은색**은 코디(네이트) 하기 쉬워요.

Tip

'까맣다'라는 형용사는 'くろい(黒い)'예요.

---

484 | 빨간색

명사

아 카
あか [赤]

신호등이 **아까** **빨간색**이었다.

아까 전까지 신호등이 빨간색이었는데 벌써 초록색이에요.

예문

✗ 赤は情熱的な色です。
아카와 죠ー네츠테키나 이로데스
→ **빨간색**은 열정적인 색이에요.

✗ 赤のドレスを買いました。
아카노 도레스오 카이마시타
→ **빨간색** 드레스를 샀어요.

Tip

'빨갛다'라는 형용사는 'あかい(赤い)'예요. 새빨간 거짓말은 'まっかなうそ(真っ赤な嘘)'라고 해요.

색
깔

485 | 노란색

명사

키 이 로
きいろ [黄色]

노란색 바나나는 **길어**.

아이가 노란색 바나나를 그리는데 정말 길어요.

 예문

✗ 黄色は目立ちます。
　 키이로와 메다치마스
→ **노란색**은 눈에 띄어요.

✗ お店の看板の色は黄色です。
　 오미세노 캄·반·노 이로와 **키이로**데스
→ 가게 간판 색은 **노란색**이에요.

Tip

'기~러'처럼 길게 발음하면 자연스러워요. '노랗
다'라는 형용사는 'きいろい(黄色い)'예요.

---

486 | 초록색

명사

미 도 리
みどり [緑]

초록색 자연을 **믿으리**.

명상하는 사람이 초록색 자연 속에서 '자연을 믿으리'라고 하면서 명상 중이에요.

 예문

✗ 私のスーツケースは緑です。
　 와타시노 스―츠케―스와 **미도리**데스
→ 제 여행 가방은 **초록색**이에요.

✗ 緑のペンをください。
　 미도리노 펭·오 쿠다사이
→ **초록색** 펜을 주세요.

Tip

실제 발음은 '미도리'예요.

487 | 파란색

명사

あお [青]

아오~ 하늘이 파란색이다.

우산 장수가 우산을 팔려고 나왔는데 '아오
~' 날을 잘못 잡았어요. 오늘은 하늘이 파랗고
맑아서 못 팔겠네요.

예문

✖ 青と赤を混ぜると 紫 になる。
아오토 아카오 마제루토 무라사키니 나루
→ **파란색**이랑 빨간색을 섞으면 보라색이 된다.

✖ 彼の好きな色は青です。
카레노 스키나 이로와 **아오**데스
→ 그가 좋아하는 색은 **파란색**이에요.

Tip

신호등의 초록불을 일본에서는 'あおしんごう(青
信号:파란 신호)'라고 해요. '파랗다'라는 형용사는
'あおい(青い)'라고 해요.

---

488 | 갈색

명사

ちゃいろ [茶色]

선탠 30분 차이로 갈색이 되었다.

선탠을 하는데 너무 많이 탔어요. 30분 차이로
이렇게 갈색이 되다니...

예문

✖ 茶色の靴を持っています。
챠이로노 쿠츠오 못·테 이마스
→ **갈색** 구두를 갖고 있어요.

✖ 私の髪の色は茶色です。
와타시노 카미노 이로와 **챠이로**데스
→ 제 머리카락 색은 갈색이에요.

Tip

지금은 (마시는) 차라고 하면 초록색인 녹차를 떠
올리지만, 옛날에는 보통 갈색인차가 많았어요. 그
래서 갈색은 'ちゃいろ(茶色)'라고 해요.

색깔

요일

---

489 | 요일

명사

요 - 비
ようび [曜日]

무슨 요일에 여우비가 올까?

아이가 여우비라는 말을 배웠나 봐요. 무슨 요일에 여우비가 올까 기다리고 있어요.

✗ 今日は何曜日ですか。
쿄ー와 난 · **요ー비**데스카
→ 오늘은 무슨 **요일**이에요?

✗ 夏休みで曜日の感覚がなくなる。
나츠야스미데 **요ー비**노 캉 · 카쿠가 나쿠나루
→ 여름방학 때문에 **요일** 감각이 사라진다.

Tip

요일을 말할 때는 'ようび(曜日:요일)'를 붙여서 말해도 되고, '요일'을 생략해서 'げつ · か · すい · もく · きん · ど · にち'라고 해도 돼요.

げつ（ようび）［月（曜日）］
게 츠 요 ― 비
명사

월요일은 날씨가 캤지.

월요일은 블루 먼데이라고 하죠. 하지만 오늘은 월요일인데도 기분이 좋아요. 어제보다 날씨가 캤지(갰지)~!

예문

月曜日に会社を休みます。
게츠요―비니 카이샤오 야스미마스
→ 월요일에 회사를 쉬어요.

月曜日から金曜日までが平日です。
게츠요―비카라 킹·요―비마데가 헤―지츠데스
→ 월요일부터 금요일까지가 평일이에요.

Tip

'1월', '2월'을 말할 때의 '월'은 같은 한자를 쓰지만 발음은 'げつ'가 아니라 'がつ'라고 해요.

か（ようび）［火（曜日）］
카 요 ― 비
명사

화요일에 회사 가.

월요일부터 출근하지 않고 화요일부터 회사에 갈 수 있으면 얼마나 좋을까요?

예문

今週の火曜日に会いましょう。
콘·슈―노 카요―비니 아이마쇼―
→ 이번 주 화요일에 만나요.

火曜日に美容院の予約をした。
카요―비니 비요―인·노 요야쿠오 시타
→ 화요일에 미용실 예약을 했다.

Tip

행성 중 화성은 'かせい（火星）'라고 해요.

요
일

명사

스 이 요 - 비
すい(ようび) [水(曜日)]

수의사는 수요일에 쉬다.

수요일은 수의사가 쉬는 날인가 봐요. 수의사 선생님이 커피를 마시고 쉬고 있네요.

예문

 水曜日は定休日です。
스이요ー비와 테ー큐ー비데스
→ 수요일은 정기휴무예요.

 水曜日までに提出してください。
스이요ー비마데니 테ー슈츠시테 쿠다사이
→ 수요일까지 제출하세요.

Tip

물 수(水)의 발음이 'すい'라는 것을 알면, 해수는 'かいすい(海水)', 수도는 'すいどう(水道)' 등 다른 단어도 쉽게 외울 수 있어요.

명사

모 쿠 요 - 비
もく(ようび) [木(曜日)]

목구멍이 아픈 목요일

월요일부터 일을 하면 목요일에는 목구멍이 아파지지 않나요? 계속 말을 하는 직업은 공감할 거예요~

예문

 来週の木曜日は家にいます。
라이슈ー노 모쿠요ー비와 이에니 이마스
→ 다음 주 목요일은 집에 있어요.

毎週木曜日に英語塾に行きます。
마이슈ー 모쿠요ー비니 에ー고쥬쿠니 이키마스
→ 매주 목요일에 영어 학원에 가요.

Tip

발음이 비슷하지만 '목'으로 발음하면 잘 안 통해요. 확실하게 '모쿠'나 '모크'처럼 발음하세요.

494 | 금(요일)

명사

킹 · 요 ─ 비
きん(ようび) [金(曜日)]

밤이 긴 금요일

금요일은 일이 끝나고 늦게까지 술 마시는 사람도 많죠? 밤이 긴 금요일이에요.

예문

× 金曜日は外食します。
　킹 · 요─비와 가이쇼쿠시마스
→ **금요일**에는 외식해요.

× 金曜日の夜は約束が多いです。
　킹 · 요─비노 요루와 약 · 소쿠가 오─이데스
→ **금요일** 밤은 약속이 많아요.

Tip

발음할 때 '키뇨~비'처럼 되지 않게 주의하세요.
'킹'으로 확실하게 음을 끊고 '요'를 말하는 것을
연습해 보세요.

---

495 | 토(요일)

명사

도 요 ─ 비
ど(ようび) [土(曜日)]

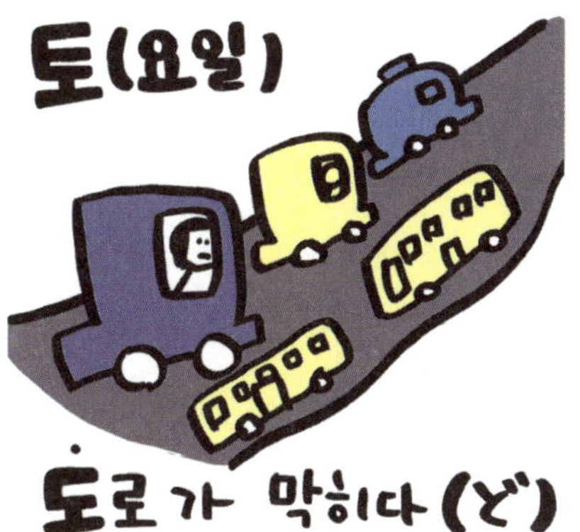

도로가 막히는 토요일

토요일은 주말이라 놀러 가는 사람이 많아서 도로가 꽉 막혀요.

예문

× 明日は土曜日です。
　아시타와 **도요─비**데스
→ 내일은 **토요일**이에요.

× 土曜日から週末が始まります。
　도요─비카라 슈─마츠가 하지마리마스
→ **토요일**부터 주말이 시작돼요.

Tip

주말을 '토일'이라고 할 때가 있죠? 일본어도 똑
같이 'どにち(土日)'라고 해요.

496 | 일(요일)

니 치 요 -비
にち(ようび) [日(曜日)]

일요일은 집에 있지?

친구가 물어봐요. '일요일은 집에 있지?' 일요일은 쉬는 날이니까 보통 집에 있을 때가 많죠?

예문

✖ 日曜日は休みです。
　니치요ー비와 야스미데스
→ 일요일은 쉬는 날이에요.

✖ 日曜日に遊びに行きましょう。
　니치요ー비니 아소비니 이키마쇼ー
→ 일요일에 놀러 갑시다.

Tip

> 일본어는 같은 한자라도 음이 여러 개 있어요. '日曜日'의 첫 번째 '日(にち)'와 세 번째 '日(び)'은 발음이 달라요.

---

497 | 주

슈 -
しゅう [週]

주 1회 슈크림

슈크림에 빠져서 주 1회는 꼭 사 먹고 있어요. 매주 슈크림!

예문

✖ 週に一度会議があります。
　슈ー니 이치도 카이기가 아리마스
→ 주에 한 번 회의가 있어요.

✖ 週5日出社します。
　슈ー 이츠카 슛·샤시마스
→ 주5일 출근합니다.

Tip

> '슈~'라고 길게 발음하면 자연스러워요.

위치

498 | 앞

명사

마에
まえ [前]

앞치마에 고추장 묻었다.

요리하는데 앞치마에 고추장이 묻었어요. 꼭 잘 안 지워지는 것들이 많이 묻어요.

예문

いえ　まえ　ねこ
家の前に猫がいます。
이에노 **마에**니 네코가 이마스
→ 집 **앞**에 고양이가 있어요.

いちばんまえ　　せき
一番前の席をください。
이치밤 · **마에**노 세키오 쿠다사이
→ 맨 **앞**자리를 주세요.

Tip

앞치마는 'エプロン'이라고 해요.

499 | 뒤

명사

우 시 로
うしろ [後ろ]

뒤는 우~ 싫어!

영화관에 갔는데 뒷자리여서 안 보여요. 게다가 앞사람 앉은 키도 크네요. '우~ 싫어!'

예문

✗ 自転車の後ろに犬がいます。
지텐 · 샤노 **우시로**니 이누가 이마스
→ 자전거 **뒤**에 개가 있어요.

✗ 後ろから２番目の席です。
우시로카라 니밤 · 메노 세키데스
→ **뒤**에서 두 번째 자리예요.

 **Tip**

한국은 옷을 거꾸로 입었을 때 '앞뒤가 뒤집어졌다'라고 하는데, 일본은 'うしろまえ(後ろ前:뒤앞이 바뀜)'라고 표현해요.

---

500 | 위

명사

우 에
うえ [上]

윗사람이 잘해주니까 우애가 좋다.

형제끼리 사이가 좋아요. 윗사람인 형이 잘해주니까 우애가 좋은 거예요.

예문

✗ 机の上にコーヒーがあります。
츠쿠에노 **우에**니 코ー히ー가 아리마스
→ 책상 **위**에 커피가 있어요.

✗ 雲の上に乗りたいです。
쿠모노 **우에**니 노리타이데스
→ 구름 **위**에 올라타고 싶어요.

 **Tip**

윗사람은 'うえのひと(上の人)'나 'めうえのひと(目上の人)'라고 해요.

501 | 아래/밑

시 타
した [下]

식탁 아래

식탁 아래에 고양이가 있어요. 준비해 둔 생선 반찬을 몰래 먹고 있네요.

 예문

✗ 本の下にお金があります。
　혼 · 노 **시타**니 오카네가 아리마스
→ 책 밑에 돈이 있어요.

✗ 妹は２歳下です。
　이모ー토와 니사이**시타**데스
→ 여동생은 두 살 아래예요.

Tip

아래와 밑을 일본어는 똑같이 'した(下)'라고 해요. 그래서 일본인은 한국어의 아래와 밑의 뉘앙스 차이를 어려워해요.

---

502 | 안/속

나 카
なか [中]

모나카 안에 팥이 들어있다.

모나카 안에 팥이 가득 들어 있어요. 맛있겠네요∼!

 예문

✗ 財布の中にお金がありません。
　사이후노 **나카**니 오카네가 아리마셍 ·
→ 지갑 안에 돈이 없어요.

✗ へそくりは冷蔵庫の中にある。
　헤소쿠리와 레ー조ー코노 **나카**니 아루
→ 비상금은 냉장고 안에 있다.

Tip

머릿속은 'あたまのなか(頭の中)', 마음속은 'こころのなか(心の中)'라고 해요.

소 토
そと [外]

명사

소가 또 밖으로 나왔다.

목장 소가 또 밖으로 나왔어요. 자유롭게 달리고 싶나 봐요.

예문

 子供が外で遊んでいます。
코도모가 **소토**데 아손 · 데 이마스
→ 아이가 **밖**에서 놀고 있어요.

 外で友達が待っています。
소토데 토모다치가 맛 · 테 이마스
→ **밖**에서 친구가 기다리고 있어요.

Tip

소는 'うし(牛)'라고 해요.

소 바
そば [傍]

명사

옆에 서 봐.

둘의 사진을 같이 찍어주겠다면서 '옆에 서 봐~'라고 하네요. 미묘한 기류가 있는 것 같아요.

예문

 ホテルのそばに銀行があります。
호테루노 **소바**니 긴 · 코-가 아리마스
→ 호텔 **옆**에 은행이 있어요.

 私のそばにいてくれる？
와타시노 **소바**니 이테 쿠레루
→ 내 **곁**에 있어 줄래?

Tip

'네 곁에'는 'きみのそばに(君のそばに)'라고 하고 일본 노래 가사에 많이 나와요.

명사

토 나 리
となり [隣]

옆은 또 난리다.

옆집에서 부부 싸움을 해요. 어제도 그러더니 오늘도 또 난리예요.

예문

いえ　となり
家の隣にコンビニがあります。
이에노 **토나리**니 콤·비니가 아리마스
→ 집 옆에 편의점이 있어요.

となり　いえ　ひと　き
隣の家の人が来ました。
토나리노 이에노 히토가 키마시타
→ 옆(이웃)집 사람이 왔어요.

Tip

위치적으로 완전히 붙어 있는 옆이 아닐 때도 사용할 수 있어요. 일본은 이웃 나라라고 하지만 바다도 있고 붙어 있지는 않죠? 그래도 한국과 일본 위치는 'となり'를 쓸 수 있어요. 영화 《이웃집 토토로》는 'となりのトトロ'라고 해요.

명사

요 코
よこ [横]

옆에 여고

남고 옆에 바로 여고가 붙어있어요.

예문

よこ
テレビの横にリモコンがある。
테레비노 **요코**니 리모콩·가 아루
→ TV 옆에 리모컨이 있다.

はは　よこ　ちち
母の横にはいつも父がいます。
하하노 **요코**니와 이츠모 치치가 이마스
→ 어머니 옆에는 항상 아버지가 있어요.

Tip

옆을 의미하는 단어 'よこ·となり·そば' 중에 가장 붙어 있는 느낌이 나는 것은 'よこ'예요.

507 | 오른쪽

미 기
みぎ [右]

오른쪽으로 **미끼**를

아빠랑 낚시하러 왔는데 미끼를 오른쪽으로 던지래요.

예문

> トイレは右にあります。
> 토이레와 **미기**니 아리마스
> → 화장실은 **오른쪽**에 있어요.

> 次の信号を右に行ってください。
> 츠기노 싱 · 고오 **미기**니 잇 · 테 쿠다사이
> → 다음 신호등을 **오른쪽**으로 가 주세요.

Tip

오른손은 '**みぎて**(右手)'라고 해요.

508 | 왼쪽

히 다 리
ひだり [左]

왼쪽에 히히 웃는 다리

아이들이 등교하는 중이에요. 왼쪽으로 히히 웃는 다리가 보이네요.

예문

> 左に試着室があります。
> **히다리**니 시챠쿠시츠가 아리마스
> → **왼쪽**에 피팅 룸이 있어요.

> 左に行くと駅があります。
> **히다리**니 이쿠토 에키가 아리마스
> → **왼쪽**에 가면 역이 있어요.

Tip

왼손은 '**ひだりて**(左手)'라고 해요. 참고로 에스컬레이터를 탈 때 도쿄에서는 왼쪽, 오사카는 오른쪽에 서요.

509 | 동쪽

히 가 시
ひがし [東]

동쪽으로 **흰옷**을 입고 해돋이 **가시**다.

부모님이 새해에 일출을 보러 가셨어요. 새해
니까 깨끗한 마음으로 시작하기 위해 새로 산
흰옷을 입으셨나 봐요.

예문

ひがし　　かぜ　　ふ
✗ **東**から**風**が**吹**きます。
　히가시카라 카제가 후키마스
→ **동쪽**부터 바람이 불어요.

くうこう　ひがし　　ちゅうしゃじょう
✗ **空港**の**東**の**駐車場**にいます。
　쿠ー코ー노 **히가시**노 츄ー샤죠ー니 이마스
→ 공항 **동쪽** 주차장에 있어요.

Tip

일본인 성 중에 'ひがし'가 들어가면 동쪽이라는
뜻일 가능성이 커요.

---

510 | 서쪽

니 시
にし [西]

서쪽은 네 시에 해가 지다.

한겨울에는 해가 빨리 져요. 게다가 서쪽이라
서 그런지 네 시에 벌써 해가 지고 있네요.

예문

ひ　　にし　　しず
✗ **日**が**西**に**沈**みます。
　히가 **니시**니 시즈미마스
→ 해가 **서쪽**으로 져요.

がっこう　　にし　　やま
✗ **学校**の**西**に**山**があります。
　각·코ー노 **니시**니 야마가 아리마스
→ 학교 **서쪽**에 산이 있어요.

Tip

'방위, 방향'이라는 뜻으로 'ほうがく(方角)'라는 단
어도 있어요.

511 | 남쪽

명사

미 나 미
みなみ [南]

남쪽에 **미남**이 많다.

남남북녀라고 하죠? 한반도 남쪽에는 미남이 많다는 이야기가 있어요.

예문

✖ 南に行くと暖かいです。
미나미니 이쿠토 아타타카이데스
→ **남쪽**에 가면 따뜻해요.

✖ 駅の南口で待っています。
에키노 **미나미**구치데 맛 · 테 이마스
→ 역 **남쪽** 출구에서 기다리고 있어요.

Tip

동서남북은 'とうざいなんぼく(東西南北)'라고 해요.

---

512 | 북쪽

명사

키 타
きた [北]

북쪽에서 들리는 **기타** 소리

북쪽에서 기타를 치니까 남쪽까지 들리네요. 새터민 친구 중에 기타 잘 치는 친구가 떠올라서 그림을 그려봤어요!

예문

✖ 北は涼しいです。
키타와 스즈시ー데스
→ **북쪽**은 시원해요.

✖ 北の方向に行ってください。
키타노 호ー코ー니 잇 · 테 쿠다사이
→ **북쪽** 방향으로 가 주세요.

Tip

동쪽, 서쪽, 남쪽, 북쪽을 말할 때, 'がわ(側:쪽, 측)'을 붙여서 'ひがしがわ(東側)', 'にしがわ(西側)', 'みなみがわ(南側)', 'きたがわ(北川)'라고도 해요.

다시마빵의 ゴロゴロ 일본어

문자와 발음

일본어의 히라가나와 가타카나는 발음이 동일하지만, 모양과 쓰임새가 다릅니다. 히라가나는 일본어의 기본 문자이며 가타카나는 외래어나 의성어, 의태어에 사용되는 문자입니다. 비슷하지만 다른 두 문자를 공부해 봅시다!

탁점 (ﾞ)이나 **반탁점** (ﾟ)이 붙지 않은 글자

* 히라가나 50음도

	あ단	**い**단	**う**단	**え**단	**お**단
あ행	아 あ [a]	이 い [i]	우 う [u]	에 え [e]	오 お [o]
か행	카 か [ka]	키 き [ki]	쿠 く [ku]	케 け [ke]	코 こ [ko]
さ행	사 さ [sa]	시 し [shi]	스 す [su]	세 せ [se]	소 そ [so]
た행	타 た [ta]	치 ち [chi]	츠 つ [tsu]	테 て [te]	토 と [to]
な행	나 な [na]	니 に [ni]	누 ぬ [nu]	네 ね [ne]	노 の [no]
は행	하 は [ha]	히 ひ [hi]	후 ふ [fu]	헤 へ [he]	호 ほ [ho]
ま행	마 ま [ma]	미 み [mi]	무 む [mu]	메 め [me]	모 も [mo]
や행	야 や [ya]		유 ゆ [yu]		요 よ [yo]
ら행	라 ら [ra]	리 り [ri]	루 る [ru]	레 れ [re]	로 ろ [ro]
わ행	와 わ [wa]				오 を [o]
	응 ん [n/m]				

* 가타카나 50음도

	ア단	イ단	ウ단	エ단	オ단
ア행	아 ア [a]	이 イ [i]	우 ウ [u]	에 エ [e]	오 オ [o]
カ행	카 カ [ka]	키 キ [ki]	쿠 ク [ku]	케 ケ [ke]	코 コ [ko]
サ행	사 サ [sa]	시 シ [shi]	스 ス [su]	세 セ [se]	소 ソ [so]
タ행	타 タ [ta]	치 チ [chi]	츠 ツ [tsu]	테 テ [te]	토 ト [to]
ナ행	나 ナ [na]	니 ニ [ni]	누 ヌ [nu]	네 ネ [ne]	노 ノ [no]
ハ행	하 ハ [ha]	히 ヒ [hi]	후 フ [fu]	헤 ヘ [he]	호 ホ [ho]
マ행	마 マ [ma]	미 ミ [mi]	무 ム [mu]	메 メ [me]	모 モ [mo]
ヤ행	야 ヤ [ya]		유 ユ [yu]		요 ヨ [yo]
ラ행	라 ラ [ra]	리 リ [ri]	루 ル [ru]	레 レ [re]	로 ロ [ro]
ワ행	와 ワ [wa]				오 ヲ [o]
	응 ン [n/m]				

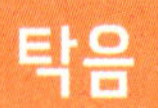

탁음

탁점 (゛)이 붙은 글자

	あ단	い단	う단	え단	お단
が행	가 が [ga]	기 ぎ [gi]	구 ぐ [gu]	게 げ [ge]	고 ご [go]
ざ행	자 ざ [za]	지 じ [ji]	즈 ず [zu]	제 ぜ [ze]	조 ぞ [zo]
だ행	다 だ [da]	지 ぢ [ji]	즈 づ [zu]	데 で [de]	도 ど [do]
ば행	바 ば [ba]	비 び [bi]	부 ぶ [bu]	베 べ [be]	보 ぼ [bo]

	ア단	イ단	ウ단	エ단	オ단
ガ행	가 ガ [ga]	기 ギ [gi]	구 グ [gu]	게 ゲ [ge]	고 ゴ [go]
ザ행	자 ザ [za]	지 ジ [ji]	즈 ズ [zu]	제 ゼ [ze]	조 ゾ [zo]
ダ행	다 ダ [da]	지 ヂ [ji]	즈 ヅ [zu]	데 デ [de]	도 ド [do]
バ행	바 バ [ba]	비 ビ [bi]	부 ブ [bu]	베 ベ [be]	보 ボ [bo]

반탁음

반탁점 (゜)이 붙은 글자

	あ단	い단	う단	え단	お단
ぱ행	파 ぱ [pa]	피 ぴ [pi]	푸 ぷ [pu]	페 ぺ [pe]	포 ぽ [po]

	ア단	イ단	ウ단	エ단	オ단
パ행	파 パ [pa]	피 ピ [pi]	푸 プ [pu]	페 ペ [pe]	포 ポ [po]

い단에 반모음(ゃ/ャ/ゅ/ュ/ょ/ョ)이 결합된 글자

い단＋ゃ	い단＋ゅ	い단＋ょ	イ단＋ャ	イ단＋ュ	イ단＋ョ
きゃ [kya] _캬	きゅ [kyu] _큐	きょ [kyo] _쿄	キャ [kya] _캬	キュ [kyu] _큐	キョ [kyo] _쿄
しゃ [sya] _샤	しゅ [syu] _슈	しょ [syo] _쇼	シャ [sya] _샤	シュ [syu] _슈	ショ [syo] _쇼
ちゃ [cha] _챠	ちゅ [chu] _츄	ちょ [cho] _쵸	チャ [cha] _챠	チュ [chu] _츄	チョ [cho] _쵸
にゃ [nya] _냐	にゅ [nyu] _뉴	にょ [nyo] _뇨	ニャ [nya] _냐	ニュ [nyu] _뉴	ニョ [nyo] _뇨
ひゃ [hya] _햐	ひゅ [hyu] _휴	ひょ [hyo] _효	ヒャ [hya] _햐	ヒュ [hyu] _휴	ヒョ [hyo] _효
みゃ [mya] _먀	みゅ [myu] _뮤	みょ [myo] _묘	ミャ [mya] _먀	ミュ [myu] _뮤	ミョ [myo] _묘
りゃ [rya] _랴	りゅ [ryu] _류	りょ [ryo] _료	リャ [rya] _랴	リュ [ryu] _류	リョ [ryo] _료
ぎゃ [gya] _갸	ぎゅ [gyu] _규	ぎょ [gyo] _교	ギャ [gya] _갸	ギュ [gyu] _규	ギョ [gyo] _교
じゃ [ja] _자	じゅ [ju] _쥬	じょ [jo] _죠	ジャ [ja] _쟈	ジュ [ju] _쥬	ジョ [jo] _죠
びゃ [bya] _뱌	びゅ [byu] _뷰	びょ [byo] _뵤	ビャ [bya] _뱌	ビュ [byu] _뷰	ビョ [byo] _뵤
ぴゃ [pya] _퍄	ぴゅ [pyu] _퓨	ぴょ [pyo] _표	ピャ [pya] _퍄	ピュ [pyu] _퓨	ピョ [pyo] _표

촉음

「っ/ッ」은 한국어 받침과 비슷한 역할이에요. 바로 뒷 글자의 자음과 똑같이 발음하고, 1박자를 지켜요.

❶ [k]로 발음되는 경우

켁 · 콩 ·
けっこん [kekkon] 결혼

욱 · 쿠 리
ゆっくり [yukkuri] 천천히

❷ [s]로 발음되는 경우

잣 · 시
ざっし [zasshi] 잡지

잇 · 쇼 니
いっしょに [isshoni] 같이

❸ [t]로 발음되는 경우

킷 · 테
きって [kitte] 우표

옷 · 토
おっと [otto] 남편

❹ [p]로 발음되는 경우

습 · 빠 이
すっぱい [suppai] 시다

압 · 빠 리
やっぱり [yappari] 역시

요 - 롭 · 빠
ヨーロッパ [yoroppa] 유럽

발음

「ん/ン」은 한국어 받침과 비슷한 역할이에요. 바로 뒷 글자의 자음에 따라 발음이 달라지고, 1박자를 지켜요.

❶ [ㅇ]으로 발음되는 경우

캉 · 고 시
かんごし [kangosi] 간호사

옹 · 가 쿠
おんがく [ongaku] 음악

❷ [ㄴ]으로 발음되는 경우

킨 · 쵸 -
きんちょう [kincho] 긴장

센 · 세 -
せんせい [sensei] 선생님

❸ [ㅁ]으로 발음되는 경우

심 · 파 이
しんぱい [shimpai] 걱정

심 · 붕 ·
しんぶん [shimbun] 신문

❹ [ㄴ과 ㅇ사이]로 발음되는 경우

홍 · 야
ほんや [hon'ya] 서점

고 젱 ·
ごぜん [gozen] 오전

길게 내는 소리로, 모음이 중복되어 나올 때 앞 글자를 1박자 더 길게 발음해요.

①　あ단 + あ

오 카 - 상 ·
おかあさん [okāsan] 엄마　　オ바 - 상 ·
おばあさん [obāsan] 할머니

②　い단 + い

치 - 사 이
ちいさい [chiisai] 작다　　호 시 -
ほしい [hoshii] 갖고 싶다

③　う단 + う

쿠 - 키
くうき [kūki] 공기　　후 츠 -
ふつう [futsū] 보통

④　え단 + え / い

오 네 - 상 ·
おねえさん [onēsan] 언니/누나　　토 케 -
とけい [tokei] 시계

⑤　お단 + う / お

지 도 - 샤
じどうしゃ [jidōsha] 자동차　　토 - 이
とおい [tōi] 멀다

⑥　가타카나 장음 [ー]

코 - 히 -
コーヒー [kōhī] 커피　　에 레 베 - 타 -
エレベーター [erebētā] 엘리베이터

여러분, **おつかれさまでした！**

다시마빵과 함께 한 공부 어떠셨나요~? 일본에서는 이런 공부법을 '**ゴロ**' 또는 '**ゴロあわせ**'라고 해요. 입시 공부를 할 때 활용할 정도로 많이 쓰이고 있답니다.

힘든 공부라도 재밌게 할 수 있으면 좋잖아요? 웃으면서 즐겁게 일본어를 배우고 일본인에게 '이 말 통해?'라고 물어보면서 교류하는 것도 좋은 방법입니다.

저와 공부를 마친 여러분은 이미 **ゴロ**마스터가 되셨습니다! 여기에 나오지 않은 단어는 나만의 **ゴロ**를 만들어 보세요. 그리고 다시마빵에게 마구마구 알려주세요~

이 책이 한일 관계에 가교가 되었으면 합니다!
다음에 꼭 **またあいましょう！** (또 만나요!)